패티 라이언스의
뜨개
지혜 주머니

패티 라이언스 지음 | 프랭클린 해빗 그림 | 한미란 감수 | 김진아 옮김

WILLSTYLE

CONTENTS

PREFACE 5

INTRODUCTION 7

CHAPTER 1: 뜨개의 진리 13
겉뜨기와 안뜨기, 그리고 그 외 여러 가지 13
뜨개코의 구조에 관하여 : 분명한 진실 14
뜨개코는 어떻게 만들어지는가 18
이스턴, 웨스턴, 콤비네이션 : 여행의 목적지는 어디? 23

CHAPTER 2: 게이지 27
스와치라는 기적의 도구 28
진실은 저 너머에 (아니면, 스와치와 친해지자) 31
더 나은 편물 만들기 : 뜨개 기술 39
게이지가 맞는 것이 꼭 좋기만 한 게 아닌 이유 46

CHAPTER 3: 도안 57
무엇으로 만들까 (혹은 '일류 요리사'가 되기 위해선) 57
무엇을 만들건 사이즈는 중요하다 61
도안의 비밀 언어 64

CHAPTER 4: 코잡기 67
롱 테일 캐스트 온 67
케이블 캐스트 온 82
왜 '100'까지 셀 수 없는 걸까? 90

CHAPTER 5: 코늘림과 코줄임 93
아름다운 코줄임 93
코늘림 : 완벽한 늘림 기법! 110

CHAPTER 6: 골치 아픈 문제와 비밀스러운 해결책들 131
새 실 잇기: 상상 이상으로 방법이 많다! 131
첫 코 고치기 : 실의 흐름이 방해받고 있다 140
원형뜨기 : 돌아라, 돌아라 142
원형뜨기의 되돌아뜨기에 관해 151
원형뜨기의 끝 : 단차를 매끄럽게 156
고무뜨기 : 항상 즐겁지만은 않다 158
스웨터 뜨기에 도움이 되는 기술 164

CHAPTER 7: 마무리 171
더 나은 코막음 171
블로킹 : 마지막 손질 176
실 마무리 : 양면인가 아닌가 178
매트리스 스티치 : 비밀스러운 시작 180
코줍기 : 나의 길을 가자 183
최고의 단춧구멍 만들기 192
소매 붙이기 195

CHAPTER 8: 마지막 지혜의 말 199

RESOURCES : BASIC TECHNIQUES 202

ABOUT THE AUTHOR / ACKNOWLEDGMENTS 205

INDEX 206

To David, who makes all things possible.

Words of Wisdom

—

"KNITTING is the saving of life"

Virginia Woolf

뜨개는 삶을 구원한다.
- 버지니아 울프 -

PREFACE

이 책을 사용하는 법과 그 이유

지금 당신이 들고 있는 이 책은 뜨개법을 배우기 위한 매뉴얼이 아닙니다. 코잡기나 코늘림 같은 기본 기술을 단계별로 설명해, 초보자에서 숙련자로 나아가도록 안내하는 책은 아닙니다. 이 책은 여러분이 이미 대바늘 뜨개의 기초적인 기술을 알고 있다는 전제하에서 서술된 책입니다. (그래도 혹시 기억이 안 날 때를 대비해, 책 뒤쪽에 몇 가지 고급 테크닉을 실어두었으니 참고해 주세요.)

이 책은 'How'가 아니라 'Why'에 관한 책입니다. 그렇다고 '왜 뜨개를 하는가?'와 같은 이유가 아니라 '왜 그런 식으로 뜨는가'를 탐구하는 책이지요. 이유(why)를 이해하면, 더 나은 방법(how)을 스스로 찾아낼 수 있답니다!

저는 10년 이상 미국 전역을 다니며 뜨개 요령을 가르치고, '방법'이 아니라 '이유'에 집중하자는 메시지를 전해왔습니다. 그 과정에서 많은 뜨개인들로부터 제가 전수한 비법을 한 권의 책으로 만들어 달라는 요청을 받곤 했습니다. (최선을 다했지만, 아마 이 책이 출간될 즈음에는 또 새로운 요령이 발견되었을 거예요.)

우선 이 책을 처음부터 끝까지 한 번 읽어보시는 것을 추천합니다. 이 책에서는 하나의 아이디어가 다음 아이디어로 이어지고 있기에, 한 번 쭉 읽어보는 것이 각각의 기술을 최대한 활용할 수 있는 방법이라고 생각합니다. 그다음부터는 이 책을 뜨개 가방에 넣어두고, 필요할 때 아무 때나 꺼내어 활용해 보세요. 혹은 틈틈이 페이지를 넘기며 관심 있는 부분을 뒤적여 보셔도 됩니다. 어떤 방법이든 간에 이 책이 여러분의 뜨개를 더 나아지게 하는 데 도움이 되길 바랍니다.

Words of Wisdom

FIGHT FOR THE WHY AND BECOME A BETTER KNITTER!

더 나은 뜨개인이 되려면, '왜'라는 질문과 싸워라!

INTRODUCTION

'이렇게 뜨면 안 될까?'라는 의문에 답하는 책

저는 뜨개를 독학으로 배웠습니다. 정확히 말하자면, 저는 뜨개를 독학으로 배웠지만 모든 걸 잘못된 방법으로 배워서 늘 그 경험담을 이야기하며 삽니다. 이 서문을 쓸 때도 '안녕하세요, 패티라고 합니다. 뜨개는 독학으로 배웠습니다…'라고 쓰려다 보니, 마치 환우회에서 하는 자기소개처럼 들리지 않을까 하는 생각을 했습니다. 하지만 제가 어떻게 여기까지 오게 되었고, 이 책이 어떻게 탄생했는지를 밝히는 것은 분명한 의미가 있다고 생각합니다.

제가 뜨개를 시작했을 때만 해도 뭐가 '정석'인지 알 수 없었습니다. 답을 찾아낼 수 없을 때도 많았고, 그 답을 스스로 만들어낼 때도 있었지요. 나중에 '정석'을 배우고 나면, 가끔은 제 방식이 더 마음에 들기도 했습니다. 또 어떤 경우에는, 다른 뜨개인들도 같은 해결책에 도달했음을 깨닫곤 했죠. 뜨개는 제게 더 잘, 혹은 더 쉽게 할 수 있는 수없이 많은 기회와 가능성을 제공했습니다. 그리고 지금 이렇게 뜨개를 이어가는 동안에도 새로운 요령을 UNvention (재발명)하고 있습니다.

UNventions

UNvention(재발명)이란 엘리자베스 짐머만이 만든 단어로, 뜨개를 하며 스스로 발견한 무언가를 뜻합니다. 이 책에는 제가 가장 좋아하는 뜨개 요령들과, 제가 직접 찾아낸 많은 '재발명'들이 담겨 있습니다. 즉, 그것들은 누군가에게 배운 것도 아니고, 책에서 읽은 것도 아니며, 제 바늘 위에서 스스로 깨달은 것들입니다. 저는 그것들을 제가 '발명했다'고 말하고 싶지는 않습니다. 전 세계에는 수백만 명의 뜨개인이 있고, 그들 또한 각자의 바늘 위에서 스스로 방법을 찾아내고 있기 때문입니다. 서로 다른 장소와 다른 시대에 있는 뜨개인들이 까다로운 문제에 대해 놀랍도록 비슷한 해결책을 '재발명'해내곤 합니다. 그리고 그걸 기초로 다른 뜨개인들이 더 발전된 응용을 더하지요. 이것이 제가 뜨개를 좋아하는 이유입니다. 뜨개는 살아 있고, 끊임없이 진화하는 공예이기 때문입니다.

이 책에서 소개하는 기술 중에는 '깔끔하게 마무리하기' 위한 것도 있지만, 대부분은 '편하게 뜨기'를 위한 것이 많습니다. 그야말로 '게으름은 발명의 어머니(Laziness is the mother of invention)'라는 격언 그 자체라고나 할까요.

어떤 상황에서든 이 책의 기술이 유일한 방법이라거나 최선책(그런 것이 존재한다면)이라고는 전혀 생각지 않습니다. 그저 나만의 방식일 뿐이지요. 독자 여러분도 이 책을 읽으면서 "아하!" 하는 순간이 한두 번 찾아오고, 더 나아가 '이렇게 뜨면 어떨까?'라며 새로운 방식을 모색할 수 있길 바랍니다. 이처럼 이 책은 뜨개에 관한 'Why'를 설명하는 책이라기보다, 'Why Not?' 하면서 선택지의 폭을 넓히는 것이라 할 수 있어요.

여기까지 읽은 여러분은 독학으로 뜨개를 익힌 제가 어떻게 뜨개 선생이 될 수 있었을까? 하는 의문이 들 겁니다. 간단히 말하자면, 할 법한 실수는 다 해봤다는 겁니다. 왜냐하면, 그 누구에게도 기대지 않고 혼자 뜨개를 배워 나갔고 (당시에는 뜨개 관련 블로그나 YouTube도 없었어요), 모든 해결책을 스스로 생각해내야만 했거든요. 이런 경험을 통해 저는 다음의 세 가지 진실을 찾아냈답니다.

1 모든 뜨개 실수는, 알고 보면 고도의 뜨개 기법일 수 있다.

2 뜨개인 사이에서는 서로 언급하지 않는 것이 있다.

3 그건 당신 잘못이 아니라 뜨개코 때문이다.

진실 #1:
모든 뜨개 실수는, 알고 보면 고도의 뜨개 기법일 수 있다.

처음 뜨개를 배울 때는 제가 실수를 너무 많이 한다고 생각했었죠. 하지만 이제는 알겠어요. 그 모든 실수가 사실은 매우 고급스러운 기술이었다는 걸요. 예를 들어, 고무뜨기를 하다가 실 위치를 바꾸지 않고 바늘을 넣어 실수로 구멍이 생겼는데, 이게 바로 비침무늬뜨기 방법이었습니다. 단을 뜨던 중간에 방향을 바꾼 적도 있는데, 그게 알고 보니 되돌아뜨기였습니다. 코를 놓쳐서 바로 아래 단에 찔러 넣고 뜬 적도 있었는데, 사실은 브리오슈(끌어올려뜨기)를 하고 있었던 거죠.

아마 당신도 이런 경험을 하고 있을 거예요. 그럴 땐 당황하지 마세요. 실수했다고 곧바로 풀어내기 전에, 다시 한번 잘 살펴보고 왜 그렇게 됐는지 생각해 보세요. 어쩌면 당신 방식이 더 나을 수도 있거나, 다른 곳에서 응용할 수 있을지도 몰라요. 실수로부터 배우세요. 나의 실수가 새로운 기법으로 이어질 수도 있으니까요.

진실 #2:
뜨개인 사이에서는 서로 언급하지 않는 것이 있다.

제가 뜨개를 시작했을 때 가장 힘들었던 점은, 뜨개인들이 어떤 화제에 대해서는 언급하려 들지 않는다는 것이었습니다. 여러 가지 뜨개법에 대해 전혀 문제없이 활용하는 척하면서, 아주 간단한 일이라는 듯 행동해요. 사실은 전혀 그렇지 않은데 말이지요. 원형 뜨기로 되돌아뜨기를 할 때 마지막 단의 단차가 심해지거나, 코막음의 마지막 코가 늘어나거나, 작은 스와치에 가터뜨기로 가장자리뜨기를 하면 정확하게 게이지를 내지 못하는 건 나만 그런 건가 궁금했습니다. 그런데도 다들 태연한 얼굴을 하며 모든 게 잘되고 있는 것처럼 행동해요. 그러나 사실은….

진실 #3:

그건 당신 잘못이 아니라 뜨개코 때문이다.

네, 그렇습니다. 99%는 여러분의 잘못이 아니라, 뜨개코 때문입니다. 대개는 코의 구조가 원인이 되어 문제가 발생하고 있으니까요. 그러나 아무도 그 사실을 가르쳐주지 않습니다.

도안을 보면 '느슨하게 덮어씌워 코막음한다'라고 적혀 있어요. 그러나 실제로는 왜 그게 어려운지는 적혀 있지 않지요. 왜 실수하기 쉬운지도 알려주지 않아요. 그 대신 느슨하게 덮어씌워 코막음을 할 수 없는 당신은 실력이 부족해서 그런 거라고 자신을 책망하지요. 그래서 이 책이 필요한 거예요. 여기서는 뜨개 기법을 하나씩 풀어 설명하고, 흔히 있는 오해들을 깨뜨리면서, 뜨개의 'Why'뿐 아니라 'Why Not?'까지 함께 탐구합니다.

자, 여러분도 실과 바늘
그리고 좋아하는 음료를 준비하고
뜨개를 즐겨봅시다!

Words of Wisdom

—

MAKE YOUR **STITCHES** BE YOUR

뜨개코를 내 것으로 만들자.

CHAPTER 1 — 뜨개의 진리

시작하기 전에 :
아무도 알려주지 않았던 진실

일련의 기술을 선보이기 전에 중요한 것을 몇 가지 이야기하겠습니다. 무언가를 바꾸기 위해서는 어떻게 만들어졌는지부터 이해해야 하지요.

겉뜨기와 안뜨기, 그리고 그 외 여러 가지

아주 처음부터 시작해 봅시다. 줄리 앤드류스가 '도레미 송'에서 "처음부터 시작해 보죠. 그게 가장 좋은 시작점이니까요"라고 노래한 것처럼, 정말로 시작코부터 이야기하자는 뜻은 아닙니다. 뜨개의 근원인 겉뜨기와 안뜨기가 무엇인지에 대해 이야기하려는 것입니다.

근본적으로 겉뜨기는 고리 하나를 다른 고리 속으로 끌어당기는 것이고, 안뜨기는 고리 하나를 다른 고리 속으로 밀어내는 것입니다. 이 근본적인 진리를 깨닫게 되면 뜨개를 완전히 새로운 시각으로 보게 되며, 더 복잡한 기법도 쉽게 익히게 됩니다.

제가 뜨개를 시작했을 때 누군가가 이런 설명을 해줬다면 정말 좋았을 거예요. 어릴 때 할머니께서 겉뜨기와 안뜨기를 가르쳐 주셨지만, 그 후로 오랫동안 뜨개를 멀리하다가 20대가 되어서야 다시 시작했어요. 그때 한 친구가 소위 "이렇게, 이렇게" 방법으로 뜨개를 가르쳐줬죠. "바늘을 여기 이렇게 넣고, 실을 이렇게 감고, 여기서 이렇게 당기는 거야."

'이렇게, 이렇게, 이렇게' 식으로 배울 때 생기는 문제점은, 내가 실제로 뭘 하는지 모른다는 것입니다. 바늘은 고리를 통해 앞이나 뒤로 도달하기 위한 도구일 뿐이라는 걸 깨닫지 못했어요. 고리를 통해 손으로 실을 잡으려고 뻗는 것처럼 생각해 보세요. 사실 팔을 바늘처럼 사용하여 실을 엮는 암 니팅(arm knitting)도 그런 거잖아요! 게다가 겉뜨기와 안뜨기의 유일한 차이는 아랫단의 뜨개코 머리가 어떻게 되는가일 뿐이라는 것도 이해하지 못했답니다. 그럼 자세히 살펴봅시다.

뜨개코의 구조에 관하여 : 분명한 진실

겉뜨기는 바늘을 앞에서 뒤로 넣어 새로운 고리를 앞으로 끌어당깁니다. 이렇게 하면 아랫단의 뜨개코 머리는 뒤로 밀려납니다. 오른쪽 화살표는 뜨개코 머리가 뒤로 이동하는 모습을 보여줍니다.

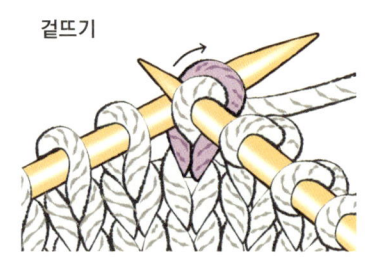

안뜨기는 바늘을 뒤에서 앞으로 넣어 새로운 고리를 뒤로 밀어냅니다. 이렇게 하면 아랫단의 뜨개코 머리는 앞으로 밀려납니다(안뜨기의 볼록한 돌기가 형성됩니다). 오른쪽 화살표는 뜨개코 머리가 앞으로 이동하는 모습을 보여줍니다.

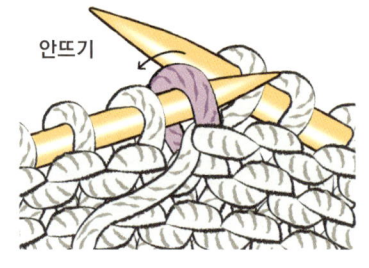

안뜨기의 울퉁불퉁한 돌기를 이해한 것이 제가 처음 깨달은 작은 진전이었어요. 이건 제가 잘못한 게 아니라 뜨개 자체의 문제라는 것을 알게 된 거죠. 오랫동안 저는 왜 메리야스뜨기가 항상 말리는지 궁금했어요. 내가 뭘 잘못했는지 궁금했죠. 겉뜨기와 안뜨기의 구조를 이해하고 나서야, 그것은 내가 뜨는 방식 때문이 아니라 코의 구조 자체 때문임을 알게 되었습니다.

메리야스뜨기는 니트 세계의 '로렐과 하디' 같은 존재입니다. 겉뜨기는 넓고 짧습니다(마치 헬스장에서 하체 운동을 항상 건너뛰는 상체 비만형 같음). 반면에 안뜨기는 길고 가늘지요. 이렇게 말하면 좀 이상하게 들릴지도 모르겠지만, 메리야스뜨기 편물에서 겉면은 안면보다 폭이 넓다는 뜻입니다. 모든 안뜨기 돌기가 한쪽 면으로만 몰리면, 편물은 말리게 됩니다.

그래서 제가 처음 떴던 자랑스러운 목도리가 동그랗게 말린 '메리야스 튜브'가 되어버렸던 거예요. 사람들한테는 일부러 그렇게 뜬 거라고 했지만, 물론 거짓말이었죠.

구글에서 '메리야스뜨기 말림 방지법'을 검색해 보면, 수많은 블로그와 유튜브 영상에서 그 해결책을 제시하고 있지만, 사실 메리야스뜨기가 말리지 않게 하는 방법은 없습니다. 그들이 하는 말은 전부 거짓말, 거짓말, 거짓말인 거지요.

그렇긴 해도, 안뜨기 돌기는 정말 놀라운 존재이며, 그 특성을 이해하면 뜨개의 질감과 형태를 훨씬 더 정교하게 다룰 수 있게 됩니다.

고무뜨기 : 안뜨기의 세로 열

안뜨기 코가 세로로 차곡차곡 쌓이면, 그 부분은 살짝 안쪽으로 들어가면서 편물은 가로 방향으로 신축성이 생깁니다. 겉뜨기가 안뜨기보다 폭이 넓다는 점을 떠올리면, 아주 자연스러운 일이죠.

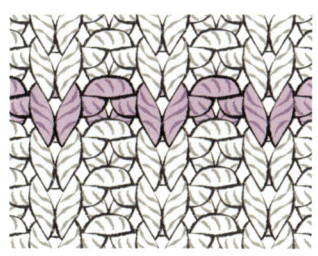

세 친구가 해변에 누워 있는 모습을 상상해 보세요.
가운데에 있는 친구는 양쪽 친구들의 넓은 어깨 사이에 끼여
모래 속으로 살짝 파묻혀 있습니다.

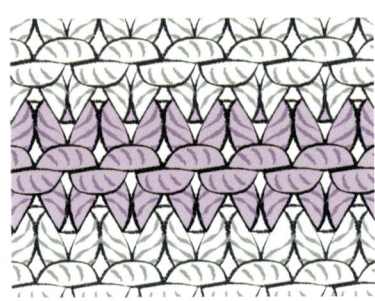

가터뜨기 : 안뜨기의 가로 단

안뜨기 코의 돌기가 가로로 이어지면, 그 부분이 도드라지면서 편물은 세로 방향으로 신축성이 생깁니다. 물론 가터뜨기를 밑단처럼 몇 단만 뜨면 약간 눌린 듯한 촘촘한 조직이 나옵니다. 그러나 많은 단을 뜨면, 중력이 작용해서 점점 아래로 늘어나게 됩니다.

태양의 서커스 곡예사 한 쌍을 떠올려 보세요. 한 명이 다른 한 명의 어깨 위에 앉아 있고, 단단하게 균형을 이루고 있습니다. 이제 여덟 명의 곡예사가 와이어에 매달려, 다리를 서로의 어깨에 걸고 줄지어 있는 모습을 상상해 보세요. 그리고 중력이 그들에게 어떤 영향을 미치는지 지켜보세요.

멍석뜨기: 겉뜨기와 안뜨기의 콧수가 동일하다.

이번에는 멍석뜨기처럼 겉뜨기와 안뜨기가 고르게 분포된 편물을 떠올려 보세요. 겉뜨기와 안뜨기가 균등하게 배치된 경우, 편물은 평평해집니다. 가로로 늘어나는 겉뜨기의 특성과 세로로 늘어나는 안뜨기의 특성이 서로 균형을 이루어 편물이 가로, 세로, 대각선 방향으로 고르게 늘어나게 됩니다. 이로 인해 안정적인 편물이 만들어집니다.

이제 겉뜨기와 안뜨기가 무엇인지 알았으니, 뜨개에 대해 모든 것을 다 알게 된 걸까요? 아직 그렇지 않습니다. 겉뜨기와 안뜨기의 뜨개 방식에 대해서도 파악할 필요가 있습니다.

수업 시간에 저는 종종 이스턴식으로 뜨는 사람이 있는지 손을 들게 합니다(몇 명 정도 손을 들지요). 그리고 콤비네이션식이나 웨스턴식으로 뜨는 사람도 각각 몇 명인지 손을 들어보라고 합니다(역시 몇 명 정도 손을 들지요). 마지막으로 "제가 무슨 말을 하는지 전혀 모르시는 분?" 하고 물으면 아주 많은 사람이 손을 듭니다. 이 부분에 대해서는 곧 이야기하겠습니다.

우리가 어떤 방식으로 뜨고 있는지를 모르면, 뜨개법을 개선할 수 없다는 걸 기억하세요.
그럼 지금부터 자세히 살펴봅시다.

뜨개코는 어떻게 만들어지는가

뜨개에 관한 모든 기본 원리 중에서도, 아무도 이야기하지 않는 아주 중요한 사실이 하나 있습니다. 이 책에 나오는 모든 뜨개 기술의 기초가 되는 내용입니다. 단순한 사실인데요, 바늘을 어디에 넣는지와 실을 어떻게 감는지는 완전히 독립적이라는 점입니다.

저는 독학으로 뜨개를 익힌 사람이라, 뜨개코가 어떻게 만들어지는지를 이해하기까지 많은 실수를 겪어야 했습니다. 저는 바늘을 어디에 넣는가(고리를 통과시키는 것)와 실을 어떻게 감는가(겉뜨기는 밑으로, 안뜨기는 위로 감는 것)가 하나로 연결된 동작이라고 배웠어요. 그것도 '이렇게, 이렇게, 이렇게' 방식으로 말이지요.

하지만 이것은 전혀 사실이 아닙니다.

게다가 뜨개코가 꼬이는 일도 종종 있었는데, 왜 그런지, 어떻게 그렇게 되는지 전혀 알지 못했습니다. 그래서 많은 시간을 실을 풀어버리는 데 썼지요. 만드는 법(구조)을 모르면, 고치는 법도 모를 수밖에 없습니다.

코를 제대로 다루기 위해서는, 다음의 두 가지 단계를 각각 분리해서 이해해야 합니다.

1 바늘을 어디에 넣는가 : 기존의 코에 바늘을 꽂는 위치

2 실을 어떻게 감는가 : 새로운 코를 만들기 위해 바늘에 실을 감아 빼내는 방향

스텝 #1:
바늘을 넣는 위치에 따라 : 코가 꼬인다 or 꼬이지 않는다

코가 완성되어 바늘과 분리되면 편물이 평평하게 놓이지만, 코가 바늘에 걸려 있을 때는 한쪽 다리가 바늘 앞쪽에, 다른 쪽 다리가 바늘 뒤쪽에 걸쳐 있습니다.

바늘 끝에 더 가까운 쪽 다리는 '오른 다리', 먼 쪽을 '왼 다리'라고 부릅시다.

오른 다리가 바늘 앞에 걸려 있음.

뜨개코를 카우보이가 말 위에서 한쪽 다리는 앞으로, 한쪽 다리는 뒤로 두고 걸터앉은 모습처럼 상상해 보세요.

오른 다리가 바늘 뒤에 걸려 있음.

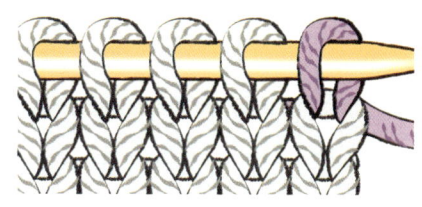

바늘을 어디에 넣느냐에 따라 코가 꼬일지, 아니면 그대로 열려 있을지를 결정합니다. 바늘을 왼 다리에 넣으면 고리의 방향이 달라져 왼 다리가 오른쪽으로 넘어오는데, 이는 마치 미국인이 영국에서 운전하는 것처럼 문제가 생겨 코가 꼬이게 됩니다.

만약 오른 다리가 바늘의 뒤에 걸린 상태(앞 페이지 아래 그림)일 때, 앞쪽 고리(왼 다리)에 바늘을 넣고 뜨면 어떻게 될까요? 코가 꼬이게 됩니다. 코가 꼬이지 않게 열어두고 싶다면, 코가 바늘에 어떻게 걸려 있든 상관없이 바늘을 오른 다리에 넣어야 합니다. 쉽게 말해, 바늘을 "구멍 안으로" 똑바로 넣는 것입니다.

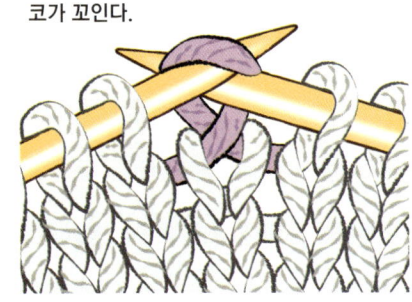

코가 꼬인다.

오른쪽 그림에서는 오른 다리가 바늘 뒤쪽에 걸려 있으므로, 바늘도 고리의 뒤쪽으로 구멍을 똑바로 통과하고 있습니다. 오른 다리는 그대로 계속 오른쪽에 있고, 뜨개코는 열린 상태를 유지하지요. 곡예사가 불꽃 고리를 통과하듯, 구멍 속으로 똑바로 통과하면 화상을 입지 않는 것과 같아요!

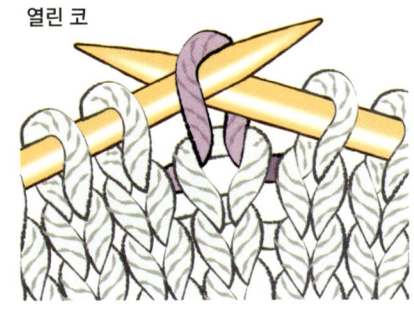

열린 코

오른 다리의 중요성을 이해한 후부터는, 코가 반대 방향으로 걸려 있어도 코가 꼬이는 것을 피하는 방법을 알게 됐습니다. 다만 왜 그렇게 되는지는 이해하지 못했지요. 더 중요한 것은, 내가 배운 겉뜨기와 안뜨기 방법만이 유일한 방법이 아니라는 사실을 몰랐다는 점입니다.

퍼즐 한 조각이 아직도 빠져 있는 느낌이었는데, 그것은 바로 실을 감는 방향에 따라 코의 방향이 결정된다는 것이었습니다. 이 사실을 알게 된 것은 마리나를 만나고 나서였습니다.

모든 길은 로마로 통한다.
(뜨개코를 뜨는 방법은 하나가 아니다.)

이 일은 제가 한 번도 생각해 본 적이 없는 것이었습니다. 어느 날 누군가의 뜨개코가 '반대로 걸려 있다'고 잘못 말했다가, 러시아 출신의 훌륭한 뜨개인 마리나에게 바로잡힌 후 알게 되었습니다.

당시 실 가게에서 일하던 저에게 한 뜨개인이 도움을 요청하러 왔습니다. 그녀는 마침 떴던 실을 풀었다가 다시 바늘에 코를 걸던 참이었는데, 코의 오른 다리가 모두 바늘의 뒤쪽에 걸려 있었던 거예요. 나는 내 코와 다르게 생긴 코를 본 적이 없었기에, 그녀가 코를 바늘에 다시 걸 때 거꾸로 걸었다고 잘못 생각했습니다. 그때부터 제게 열릴 새로운 세계는 전혀 예상치 못한 것이었습니다.

저는 조금이라도 '전문가'다운(하하!) 조언을 해주려고, 코를 반대 방향으로 다시 걸지 않아도 다음 단을 뜰 때 고리의 뒤쪽으로 바늘을 넣고 뜨면 뜨개코를 '수정'할 수 있다고 말했어요. 그러자 그녀는 저를 마치 머리 두 개 달린 사람처럼 신기하다는 눈으로 보며 "맞아요, 그게 바로 겉뜨기잖아요"라고 말했습니다. 그 대답에 제가 "아, 당신도 그 기술을 알고 있군요?"라고 하자, 그녀는 더욱 혼란스러운 표정으로 "……그게 기술, 이었나요?"라고 했어요. 나는 그녀의 모든 코가 바늘에 거꾸로 걸려 있다고 설명하며 상황을 더 꼬이게 만들었습니다. 그때, 이 답답한 대화를 듣고 있던 누군가가 결국 참다못해 말했어요. "그 코들은 거꾸로가 아니에요. 당신한테만 거꾸로인 거예요!"라고요.

그때 마리나가 자신이 뜨는 방법을 보여주었고, 나는 그제서야 오른 다리의 중요성과 그것을 조절하는 원리를 진정으로 이해하기 시작했습니다.

그럼 이제 스텝 2로 넘어가겠습니다….

스텝 #2:
어떻게 실을 감아야 예쁘게 자리를 잡을까?

네, 마리나의 실 감는 법은 저와는 달랐습니다. 그녀의 코는 거꾸로 된 것이 아니라, 내 기준에서 거꾸로 보였던 것입니다. 우리가 실을 감는 방식은 새로 만드는 코의 형태에 영향을 줍니다. 실을 바늘 아래쪽으로 감아 올릴 수도 있고, 위쪽으로 넘겨 감을 수도 있습니다. 감는 방향에 따라 다음 단의 뜨개코가 걸리는 방식이 정해집니다.

바늘을 어디에 넣느냐(스텝 1)는 '현재'에 영향을 줍니다. 즉, 왼 다리에 바늘을 넣어 코를 꼬거나, 오른 다리에 넣어 코를 열린 상태로 두거나(마리나의 깔끔한 설명을 빌리자면 '바늘을 구멍에 똑바로 넣는다'예요.) 입니다. 그리고 바늘에 실을 감는 방향(스텝 2)은 미래에 영향을 주지요. 다시 말해, 다음 단의 코가 어떤 방향으로 바늘에 걸리는가입니다.

실을 감는 법은 코가 바늘에 걸렸을 때의 모습에 영향을 줍니다. 하지만 그 코를 제대로(꼬이지 않게) 떴다면, 바늘에서 빠져나온 후에는 똑같이 보이게 됩니다. 마리나의 편물과 제 편물은 코를 만드는 방식은 달랐지만, 결과는 정확히 똑같았습니다.

충격적인 결말이죠? 네, 코를 만드는 방법은 하나가 아니었던 겁니다.

이스턴, 웨스턴, 콤비네이션 : 여행의 목적지는 어디?

다양한 뜨개법에 대해 이야기할 때, 종종 뜨개 스타일을 떠올립니다. 콘티넨털(Continental)이나 잉글리시(English) 등의 용어를 들어보셨을 거예요. 이것이 바로 뜨개 스타일입니다. 뜨개 스타일은 뜨개 방법과는 다릅니다. 뜨개인들은 같은 것을 여러 이름으로 부르는 것을 좋아하기 때문에 혼란스러울 수 있습니다. 왼손에 실을 쥐고 뜨는 콘티넨털 뜨개는 피킹(Picking) 혹은 독일식 뜨개(German knitting)라고도 불립니다. 오른손에 실을 쥐고 뜨는 잉글리시 뜨개는 쓰로잉(Throwing)이라고도 하며, 옛날 뜨개책에서는 미국식(American)이라고 적혀 있어요!

이것 외에도 실을 자기 목에 걸고 뜨개를 하거나, 니팅 핀을 쓰는 스타일도 있어요. 저는 처음에 이것을 포르투갈식 뜨개라고 들었습니다. 몇 년 전에 보스니아에서 온 학생이 목에 실을 걸고 뜨는 제 모습을 보고 자신도 그렇게 뜬다고 말했습니다. 그녀에게 이 뜨개 스타일을 뭐라고 부르는지 물어봤습니다(왜냐하면, 이제까지 '페루식' '안데스식' '포르투갈식' 등 여러 명칭을 들었기 때문이지요). 그녀는 이렇게 대답했습니다. "저는 그냥 뜨개라고 불러요."

호칭이 뭐든 간에 뜨개 스타일과 뜨개법은 별개의 것입니다. 뜨개 스타일이란 '어느 손으로 무엇을 하는가'이고, 뜨개법은 코를 실제로 만드는 방식, 즉 바늘을 어디에 넣고 실을 어떻게 감는지와 관련이 있습니다. 저는 코의 구조에 영향을 주는 뜨개 방법에 초점을 맞출 것입니다. 스타일보다는 방법이 중요하기 때문입니다.

뜨개 방법

뜨개법에는 웨스턴, 이스턴, 콤비네이션이라는 3가지 방식이 있습니다.
누군가 어떤 뜨개법을 사용하는지 알아보려면, 다음의 3가지 요소를 살펴보세요.

- 바늘에 걸린 뜨개코의 방향
- 뜨개코의 어느 쪽 다리에 바늘을 넣는가?
- 실 감는 법

한눈에 알 수 있는 대바늘 뜨개법

웨스턴(Western)

웨스턴식의 코는 오른 다리가 바늘 앞쪽에 놓입니다. 코의 방향, 즉 바늘을 넣는 구멍은 왼쪽을 향합니다. 이것을 웨스턴식 코걸림이라고 부릅니다.

웨스턴식 겉뜨기

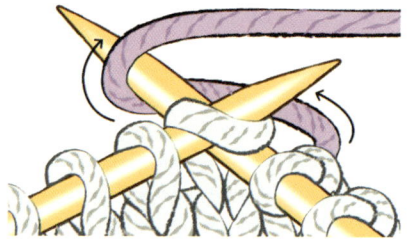

웨스턴식 안뜨기

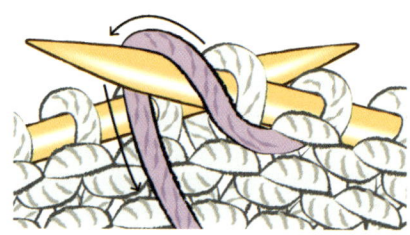

겉뜨기 = 바늘을 앞쪽 고리에, 왼쪽에서 넣고, 실을 바늘 아래로 감는다.

안뜨기 = 바늘을 앞쪽 고리에, 오른쪽에서 넣고, 실을 바늘 위로 감는다.

이스턴(Eastern)

이스턴식의 코는 오른 다리가 바늘 뒤쪽에 놓입니다. 코의 방향, 즉 바늘을 넣는 구멍은 오른쪽을 향합니다. 이것을 이스턴식 코걸림이라고 부릅니다.

이스턴식 겉뜨기

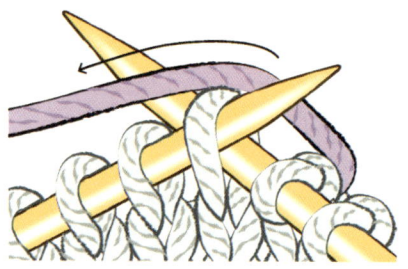

이스턴식 안뜨기

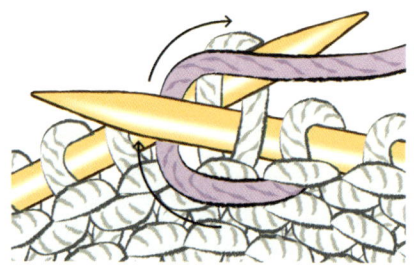

겉뜨기 = 바늘을 뒤쪽 고리에, 오른쪽에서 넣고, 실을 바늘 위로 감는다.

안뜨기 = 바늘을 뒤쪽 고리에, 왼쪽에서 넣고, 실을 바늘 아래로 감는다.

콤비네이션(Combination)

이름에서 알 수 있듯, 위의 두 뜨개법을 결합한 방식입니다. 겉뜨기는 오른 다리가 바늘의 뒤쪽에(이스턴식처럼), 안뜨기는 오른 다리가 바늘 앞쪽에(웨스턴식처럼) 걸립니다. 겉뜨기를 할 때는 바늘을 고리 뒤쪽에 넣고, 실을 바늘 아래로 감습니다. 겉뜨기에서 실을 바늘 아래로 감으면, 코의 방향이 바뀌면서 오른 다리가 앞쪽이 됩니다(웨스턴식처럼). 안뜨기를 할 때는 바늘을 고리 앞쪽에 넣고, 실을 바늘 아래로 감습니다.

콤비네이션식 겉뜨기

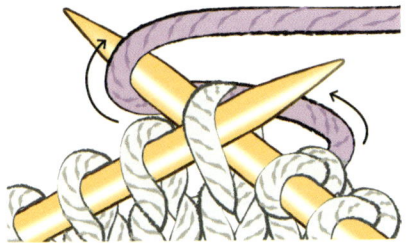

겉뜨기 = 바늘을 뒤쪽 고리에, 오른쪽에서 넣고, 실을 바늘 아래로 감는다.

콤비네이션식 안뜨기

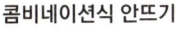
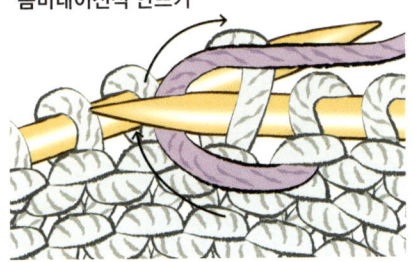

안뜨기 = 바늘을 앞쪽 고리에, 오른쪽에서 넣고, 실을 바늘 아래로 감는다.

이처럼 다양한 뜨개법을 이해하게 되면, 코에 관한 모든 것을 제어할 수 있습니다. 일반적인 뜨개 설명서는 웨스턴식 코 걸림을 기준으로 쓰여 있습니다. 하지만 이 책에서 소개하는 요령들을 따르다 보면, 실을 "잘못된 방식"으로 감거나, "들어가서는 안 될 자리"에 바늘을 넣는 경우가 자주 있을 것입니다. 기억하세요, 우리는 "정확한" 방법에 얽매이지 않고, 더 나은 방법을 찾는 것입니다.

이제 우리가 어떤 방식으로 뜨고 있는지 이해했으니, 당장 프로젝트에 뛰어들 준비가 된 것 같을까요? 아직은 아닙니다. 우리는 이제 막 코가 어떻게 만들어지고 구성되는지 배웠을 뿐입니다. 그리고 코의 구조는 게이지의 정확성에 영향을 미칠 수 있습니다. 설마 제가 게이지에 대해 언급하지 않고 넘어가리라 생각하는 건 아니겠죠?

Words of Wisdom

—

IF YOU DON'T HAVE TIME TO SWATCH

SAVE TIME TO RIP OUT YOUR SWEATER!

스와치를 뜰 시간이 없다면, 스웨터를 풀 시간을 준비하세요!

CHAPTER 2 — 게이지

게이지라는 단어에 속지 않도록 조심하라

어느 컨퍼런스에서 줄을 서 있는데, 두 학생이 자신들이 듣는 수업에 대해 이야기하고 있었습니다. 한 학생이 "게이지 정확히 맞추기 수업을 듣고 있어"라고 말하자, 그의 친구가 눈을 굴리며 "아, 아무도 원하지 않지만, 모두에게 필요한 수업이네"라고 했습니다. 맞습니다, 이 말이 거의 모든 것을 요약해 줍니다. 하지만 우리 모두 어른이니까, 말하기 어려운 일이더라도 못 본 척하지 말고 이제 이야기를 나눠봅시다. 바로 게이지에 대해서요.

꽉 끼는 스웨터부터 거대한 모자까지

독학으로 뜨개를 배우면서 게이지를 이해하기까지는 우여곡절이 참 많았고, 그 과정은 사이즈가 안 맞는 스웨터와 거대한 모자로 가득했습니다. 저는 한 극단에서 다른 극단으로 흔들렸습니다. 한때는 게이지를 단순히 참고 사항 정도로만 여기고 전혀 신경 쓰지 않다가, 어느 순간에는 바늘 호수만 맞게 조정하면 어떤 실이든 괜찮다고 믿는 수준에 이르렀습니다.

스와치에 대해 가장 많이 듣는 불평은 이렇습니다. "어차피 스와치 게이지랑 완성된 스웨터 게이지는 항상 다른데, 도대체 무슨 의미가 있나요?" 많은 뜨개인들은 자신의 스와치가 거짓말을 한다고 확신합니다. 정말 그럴까요? 사실은 내가 나를 속이는 게 아닐까요? 진실을 담은 스와치를 만들 수 있는 방법을 살펴보기 전에, 우리는 왜 스와치를 뜨는지를 먼저 이야기할 필요가 있습니다. (힌트: 아마 당신이 생각하는 이유는 아닐 것입니다.)

스와치라는 기적의 도구

심야 텔레비전 방송엔 늘 "어려운 문제를 쉽게 해결하는 방법"들로 넘쳐나지만, 결론부터 말하자면, 그중 제대로 효과가 있었던 것은 단 하나도 없었습니다. 스와치 뜨기도 '이렇게만 하면 돼'라는 수많은 방법이 있지만, 사실 지름길은 없습니다. 그리고 솔직히, 왜 지름길을 찾으려 할까요? 그것도 뜨개에서! 내가 사용할 실과 문양을 직접 알아가는 즐거운 과정인데 말이죠. 요리사가 레시피를 만들면서 맛볼 시간을 두지 않는 게 상상이 되나요?

스와치를 왜 떠야 하는지에 관해서는 정말 많은 이야기가 있지만, 하나같이 핵심을 찌르지 못하고 있습니다. 믿을 만한 게이지를 얻으려면, 우선 왜 스와치를 떠야 하는지를 이해해야 합니다. 그 이유는 게이지를 "맞추기 위해서"가 아닙니다. 잠깐만요! 이 말을 듣고 당장 서점에 가서 책을 반품하기 전에 조금만 더 함께해 주세요. 스와치를 뜨는 목적은 게이지를 맞추기 위해서만이 아니라, 내가 만족할 만한 편물을 뜨고, 그 편물의 게이지를 알아내는 데 있습니다.

게이지를 조정하는 계산은 아주 간단하지만, 스웨터 전체를 잘못된 게이지로 뜨는 것은 그렇지 않습니다. 재단사가 빳빳한 린넨 슈트의 패턴을 들고 원단 가게에 가서 매끄럽고 부드러운 실크 소재를 보며 "그래, 이거! 이 원단으로 린넨 슈트를 만들어야겠어!"라고 생각하지는 않을 것입니다. 그것이 잘못된 원단이라는 것을 알기 때문입니다. 우리가 새로운 작품을 빨리 시작하고 싶은 마음에 잊기 쉬운 것은, 뜨개란 결국 서로 얽힌 고리들이 모여 만들어내는 "직물"이라는 사실입니다. 스와치를 뜨는 이유는, 그것이 문양과 잘 어울리는지, 원하는 드레이프(늘어짐)를 갖추고 있는지, 그리고 스웨터를 짜낼 만큼 충분히 안정적인지를 확인하기 위한 직물 샘플을 만드는 것입니다. 다시 말해, 스와치는 도안에 적힌 '마법의 숫자'를 맞추기 위한 합격·불합격 시험이 아니라, 우리가 실제로 사용할 옷감을 만들어보는 과정입니다.

스와치 뜨기는 '게이지 맞추기 게임'이라기보다는 '뜨개실과의 데이트'라고 보는 편이 좋을 것입니다. 제대로 자리가 잡힐 때까지 좀 더 사귀어 보자는 식의 맞선 게임 같은 느낌이에요. 실이 패턴을, 패턴이 실을 만난다. 과연 잘 어울릴까요? 그럼 이번에는 순서를 바꾸어 봅시다. 즉, '작품을 정하고 나서 스와치를 뜬다'가 아니라 '스와치를 뜨고 나서 거기에 맞는 작품을 고른다'로 말이에요. 새로운 사랑의 설렘 속에서, 집으로 돌아가 패턴집을 펼치고 마음껏 놀아보세요. 목표를 생각하지 말고 우선 스와치를 떠보는 거예요. 그 실이 꽈배기 무늬를 좋아하는지, 레이스나 배색 무늬에 잘 어울리는지 알아보는 겁니다. 스와치를 통해 그 실이 어떤 작품으로 변신하고 싶은지를 찾아보는 거예요!

여기서 잊으면 안 될 것은, 모든 실이 모든 종류의 편물로 적합한 것은 아니라는 사실입니다. 스웨터용 편물의 경우, 바늘땀이 엉성하여 속이 훤히 비치거나 손가락이 코 사이로 쑥 들어갈 정도라면, 스웨터에 맞는 안정감을 얻을 수 없습니다. 그렇다고 총알을 막을 수 있을 만큼 단단하거나, 사람 없이도 혼자 서 있을 만큼 뻣뻣하다면, 그건 또 너무 과하겠지요.

결론적으로, 스와치는 앞으로 만들 편물의 질감과 게이지를 정확하게 예측해주는 기준이 되어야 합니다. 마치 완성된 스웨터에서 커다란 정사각형 조각을 잘라낸 것과 똑같아야 한다는 뜻입니다.

스와치를 왜 떠야 하는지 확실히 알았으니,
이제 두려움을 마주하고
흔히 하는 스와치 실수들을 살펴보도록 합시다.

스와치 실수들: 부정한다고 문제가 사라지진 않는다

게이지를 재고 계산하는 단계로 들어가기 전에, 가장 흔한 '스와치의 거짓말'들부터 밝혀봅시다. 이 중 하나라도 당신에게 해당한다면, "아멘!" 하고 외쳐주세요.

- **코를 충분히 잡지 않는다.** 적은 콧수로도 실물 크기의 옷을 뜨는 것과 별반 다르지 않다고 생각하시나요?

- **스와치 크기가 너무 짧다.** 흔히 '얼추 비슷하니까 이쯤에서 그만'하는 방식을 사용합니다.

- **원하는 게이지에 맞추려고 스와치를 잡아당기거나 오므리거나 한다.** 10년 전에 입었던 청바지를 입고 숨을 참으며 맞는다고 믿는 것과 같습니다.

- **스와치를 세탁하지 않는다.** 음…, 스웨터를 블로킹하거나 세탁하지 않고 입을 건가요?

- **중력의 작용을 고려하지 않는다.** 첫 45분은 꿈만 같이 딱 맞던 스웨터가 잠시 후 늘어나기 시작하는 현상입니다.

- **뜨개코를 바늘에 걸어둔 채 측정한다.** 캐럴 버넷의 '바람과 함께 사라지다' 패러디 동영상이 아닌 한(구글로 검색해 보세요) 아무런 효과가 없는 방법입니다.

위의 어느 하나에 뼈저린 경험이 있다고 해도 두려워할 필요는 없습니다. 진실이 여러분을 자유롭게 해줄 테니까요.

진실은 저 너머에
(아니면, 스와치와 친해지자)

거짓말을 하는 스와치는 필요 없습니다. 스와치와 친해지는 것이 중요하지요. 네, "그 바지는 네 엉덩이를 크게 보이게 한다고!"라고 말해주는 친구처럼요. 설령 귀가 따갑더라도 진실을 말해줄 친구가 필요합니다. '스와치 기피'의 함정에서 벗어나기 위한 간단한 방법들을 소개하겠습니다.

스와치 뜨는 법

충분한 콧수 만들기

스와치를 뜰 때 충분한 코를 잡아야 하는 이유는 두 가지입니다. 첫째, 작은 편물을 왔다 갔다 뜰 때보다 자연스럽게 뜨기 위해서입니다. 둘째, 왜곡된 가장자리 코를 피하고 스와치를 정확히 측정할 만한 면적을 확보하기 위해서입니다. 실의 굵기에 따라 다르지만, 가는 실의 경우(10cm당 24~32코)는 15cm 너비가 되도록 코를 잡으면 되고, 두꺼운 실의 경우는 10cm당 콧수가 적어지므로 20~25cm의 스와치가 적당합니다.

단수도 충분히 뜨기

처음 뜨개를 배울 때, 20cm짜리 스카프를 뜨려고 20cm만큼의 코를 만들었는데, 뜨다 보니 30cm짜리 숄이 되어버렸던 적은 없나요? 스와치를 뜰 때는 코들이 편안하게, 그리고 무엇보다도 자연스러운 나만의 뜨개 스타일로 뜰 수 있도록 충분히 긴 길이를 떠야 합니다.

> **왜 게이지의 콧수만큼
> 코를 잡으면
> 안 되는 건가요?**

아마 이런 말을 들어보셨을 겁니다. "원하는 게이지가 10cm에 20코라면, 20코만 잡아서 10cm가 될 때까지 바늘을 바꾸면 된다."

여기서 문제는 가장자리 코는 구조가 완전히 다르다는 점입니다. 메리야스뜨기의 첫 코는 실이 단의 마지막 코를 빠져나왔다가 같은 코에 다시 들어가는 유일한 코로, 가장자리가 뒤로 말리는 현상이 생깁니다. 이 때문에 측정값이 왜곡될 수 있습니다.

메리야스뜨기의 말린 가장자리

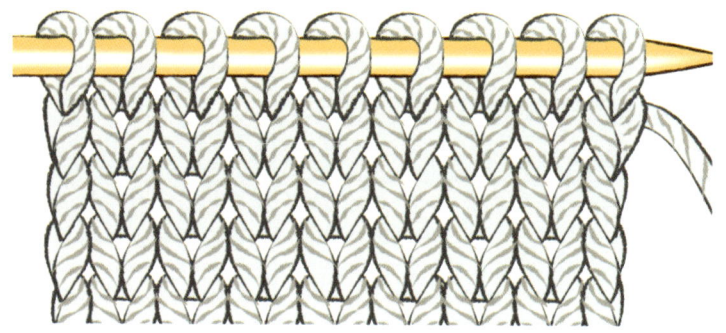

"그래서 스와치를 평평하게 만들기 위해 가장자리를 가터뜨기로 떴단 말이지"라고 중얼거리는 목소리가 들리네요. 잠깐만요, 그 부분도 곧…

필요한 종류의 뜨개코로 스와치를 뜬다.

메리야스뜨기 스와치는 전체를 메리야스뜨기로만 합니다. 가장자리뜨기는 넣지 않아요. 가장자리가 말리는 게 자꾸만 신경 쓰인다면, 위아래의 가터뜨기 단은 생략하고 양옆에만 가터뜨기를 몇 코 두거나, 더 좋은 방법은 멍석뜨기를 조금 넣는 겁니다. 멍석뜨기는 메리야스뜨기와 동일한 게이지를 가지므로 안정적입니다. 교차무늬나 레이스처럼 패턴이나 무늬가 반복되는 경우에는 반복 무늬의 양 끝에 메리야스뜨기나 멍석뜨기를 조금 넣어두면 좋습니다.

> **스와치가 말리는 것을 막기 위해 가터로 가장자리뜨기를 넓게 넣으면 안 될까요?**

이것은 쉽게 사라지지 않는 잘못된 스와치 습관 중 하나입니다. 여기에 위험한 공식이 포함되어 있습니다.

작은 스와치 + 넓은 가터 가장자리뜨기
+ 블로킹으로 늘리기 = 가짜 스와치

작은 스와치에 가터뜨기를 넣으면 어떻게 될까요? 가터뜨기는 메리야스뜨기에 비해 단수 게이지가 빡빡합니다. 태양의 서커스단의 곡예사 모습을 다시 떠올려 보세요. 가터뜨기가 스와치의 양쪽을 당기기 때문에 편물이 일그러지고, 그 때문에 단수 게이지를 정확히 측정하기 어려워집니다.

그럼 콧수 게이지는 어떨까요. 가터뜨기의 안뜨기 돌기에서 반대편 안뜨기 돌기까지 재면 되지 않을까? 라고 생각하겠죠. 그렇게 재면 안 됩니다. 가터단 옆에 있는 겉뜨기 코는 스와치 중앙의 코와 크기가 다르기 때문입니다. 그 이유는 겉뜨기와 안뜨기 사이를 왔다 갔다 할 때 실을 앞뒤로 넘기며 추가로 실이 사용되기 때문입니다(이 문제에 대해서는 고무뜨기 수정 방법(158페이지)에서 더 깊이 살펴볼게요). 그래서 이런 가짜 게이지가 만들어지게 됩니다.

**넓은 가터 가장자리뜨기는
게이지를 왜곡한다.**

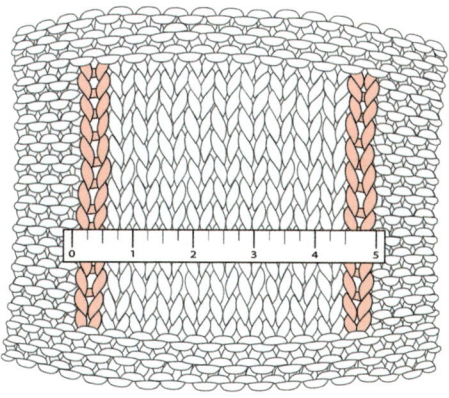

스와치는 작품을 뜨는 것처럼 떠야 한다.

그건 단순히 같은 바늘 호수를 사용하는 것 이상을 의미합니다. 모든 조건이 같아야 합니다. 바늘 재질도 게이지에 영향을 준다는 사실, 알고 계셨나요? (재미있는 사실: 바늘 호수를 그대로 두고 재질만 바꿔도 단 게이지가 달라질 수 있습니다.)

눈에 보이지 않는 요소들도 게이지에 영향을 줄 수 있습니다. 제가 진행하는 게이지 수업에서 학생들에게 이런 얘기를 합니다. 예전에 저는 주로 지하철에서 스와치를 떴어요. 왜냐하면, 제 대부분의 뜨개가 지하철에서 이루어졌기 때문입니다. 만약 당신이 저녁에 와인 한 잔과 함께 TV를 보며 뜨개를 한다면, 스와치도 저녁에 샤르도네 한 잔과 함께 뜨세요. 아침마다 커피를 들이켜고 아이와 실랑이를 한 뒤에야 코를 잡는다면, 커피부터 내리고, 아이와 한 판 붙은 다음 스와치를 시작하세요.

언젠가는 도안 설명란에 단순히 바늘 호수만이 아니라 "10cm 교체식 바늘이 달린 줄바늘 사용, 바늘 재질은 외과용 스테인리스 스틸, 콘티넨털 뜨기, 역방향 안뜨기. 스와치를 뜨기 직전에 어머니와 크게 싸움"이라고 기재될지도 몰라요.

스와치 측정하는 법

어느 정도 크기의 편물이 완성되면, 정확한 게이지를 측정할 수 있습니다. 블로킹 전과 후, 두 가지 모두를 측정해야 원단이 블로킹 후 어떻게 변하는지 알 수 있습니다. 가장자리가 말리더라도 편물의 면적이 크면 가장자리로부터 거리를 두고 측정할 수 있습니다.

저는 줄자보다는 딱딱한 자를 선호합니다. 줄자는 늘어날 수 있기 때문이죠. 자를 평평히 대고, 위나 아래로 기울지 않게 하면서 정확히 한 줄을 가로질러 놓습니다. 그리고 그 줄에 있는 온전한 코들을 세어주세요.

> 내부에 구멍이 뚫린
> 5cm짜리 게이지 도구를
> 사용해도 될까요?

이 도구들은 몇 가지 이유로 문제가 될 수 있습니다. 첫째, 편물에서 5cm 정도만 측정하는 것으로는 충분한 정보를 얻을 수 없습니다. 더 넓은 구간을 봐야 하죠. 둘째, 대부분의 코를 가리고 창문처럼 뚫린 부분만 보게 되면, 창에 걸쳐 있는 '반쪽 코'를 무심코 무시하게 되어, 그 결과 전체 콧수를 올림하거나 내림해버릴 수 있습니다.

작은 창문은 뜨개코를 덮는다.

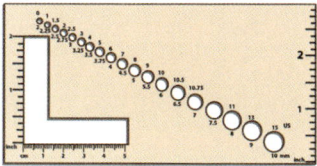

먼저, 블로킹하지 않은 상태에서 게이지를 측정하자.

블로킹 전에는 당연히 말려 올라갈 수 있지만, 그래도 측정은 가능합니다. 스와치가 충분히 크다면, 딱딱한 자를 편물의 가운데에 놓고 가장자리를 피해서 잴 수 있습니다.

블로킹 전에 측정하기

이제 블로킹한 후의 게이지를 측정하자.

스와치는 완성된 옷을 다루듯이 똑같이 블로킹해야 합니다. 이는 실을 물에 담그거나 스팀을 쐬는 것을 의미할 수도 있으며, 혹은 세탁을 피해야 할 섬세한 섬유나 아이템(예: 숄이나 스카프)의 경우에는 분무기로 물을 살짝 뿌리는 정도일 수도 있습니다.

케이블이나 레이스 무늬는 핀으로 탄탄히 고정해 모양을 펴줘야 할 수도 있지만, 메리야스뜨기 스와치는 억지로 늘리거나 핀으로 고정하지 마세요. 스팀이나 물에 충분히 담가 섬유가 편안히 풀린 뒤, 물기를 살살 눌러 짜내고 평평하게 펼쳐서 건조하면 됩니다.

왜 메리야스뜨기 스와치에 핀을 꽂아 고정하면 안 될까요?

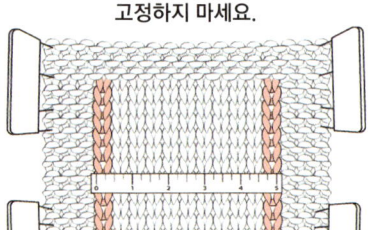

메리야스 스와치를 억지로 늘려 고정하지 마세요.

블로킹한 스와치를 핀으로 고정하는 것에도 주의가 필요합니다. 사람들은 종종 스와치의 모서리가 왜곡된 것을 발견합니다(특히 가터뜨기로 테두리를 만든 경우). 그러면 그 왜곡을 교정하려고, 핀을 꽂아 억지로 정사각형 모양이 되도록 잡아당기곤 합니다.

그런데 메리야스뜨기 스와치를 늘려 고정하는 데에는 문제점이 있습니다. 결국, 코들이 본래 크기로 돌아가 버린다는 사실이죠. 스와치가 마른 후 핀을 뽑자마자 측정한 수치와, 하루 정도 지나서 원래대로 돌아온 후에 측정한 수치는 전혀 다를 것입니다. 당신의 양쪽에 수행원이 동행하며 늘 스웨터를 잡아당겨 줄 게 아니라면, 이 스와치를 믿으면 안 됩니다. 가짜 스와치예요!

스와치가 다 마르면 가볍게 털어주고, 살짝 늘려주세요(스웨터에 머리를 넣고 착용할 때를 상상하면서). 그리고 게이지를 재기 전에 잠시 편물이 자연스럽게 이완되도록 둡니다.

충분한 크기의 스와치를 떴다면, 필요한 단위 길이당 완전한 코를 셀 수 있습니다. 예를 들어 10cm를 쟀을 때, 자 눈금이 코 중간에 멈춘다고 합시다. 그럴 경우, 13cm까지 늘여서 잽니다. 그런데도 어중간하다면 15cm까지 재고, 여기서 눈금이 정확히 코의 끝에 맞았다면, 그 지점을 기준으로 게이지를 계산합니다.

15cm의 콧수가 25코인 경우, 25÷15=1.66코가 됩니다.

자연스럽게 떠서 늘리지 않고 흐트러지지 않은 정확한 게이지는 바로, 10cm당 16.6코입니다. 도안에서 요구하는 게이지가 10cm당 16코라면 내 게이지가 그에 비해 어느 정도 되는지 알 수 있습니다.

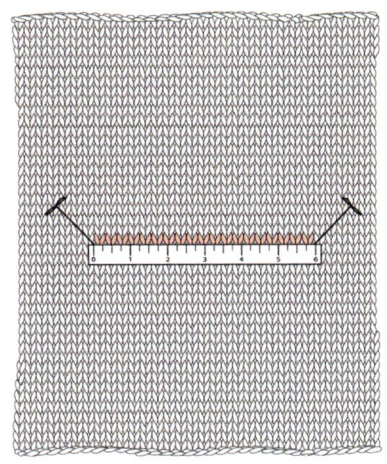

표시해서 측정하기 = 여기서도 계산을!

또 다른 측정 방법은 스와치의 가운데 부분에서 적당한 구간을 표시해 재는 것입니다. 1mm 단위까지 정확하게 측정한 후 계산을 하면 됩니다.

예를 들어, 30코가 18.5cm라고 합시다. 이 경우, 30÷18.5cm = 1.6이 됩니다. 이 방식으로도 치수 단위(1cm나 1인치)에 맞추어 콧수를 세는 방식과 같은 게이지를 얻을 수 있습니다.

스와치가 얼마나 늘어나는가?

마지막으로, 사용하는 실이 늘어나는 성질이 있는 것 같다면(3장을 참고하세요), 혹은 길이가 긴 옷이나 무게감 있는 무늬의 옷을 뜨고 있다면, 중력의 영향을 확인해 보는 것이 좋습니다. 스와치가 완전히 마른 후 걸어두고, 약간의 무게 추를 달아 보세요. (저는 귀가 아파서 못 쓰는 귀걸이를 사용합니다.) 옷의 무게를 흉내내는 정도면 충분하니, 정확한 무게를 계산할 필요는 없습니다. 하룻밤 정도 매달아 두었다가, 잠시 이완되도록 둔 다음 콧수와 단수 게이지를 다시 측정해 보세요. 콧수를 다시 재야 하는 이유는, 코와 단이 서로 연결되어 있기 때문입니다. 단의 길이가 늘어나면 가로 폭은 좁아지기 마련입니다. 오른쪽 그림을 보면 알 수 있듯, 스와치가 최종 길이만큼 늘어나면 각 코는 더 좁고 더 길어집니다.

요약하자면(조금 늦었지만), 스와치도 작품과 똑같은 방식으로 만들어야 합니다. 즉, 실제로 사용할 도구를 쓰고, 평소 뜨는 방식 그대로 뜨며, 측정할 때는 현실적인 크기의 구간을 선택해 정확하게 재야 합니다. 억지로 맞추려 하지 말고, 있는 그대로 측정하세요. 원하는 결과가 아니더라도, 진실을 직면하는 것이 중요합니다.

폭이 넓고 세로가 짧은 뜨개코 :
16코, 22단

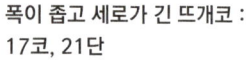

폭이 좁고 세로가 긴 뜨개코 :
17코, 21단

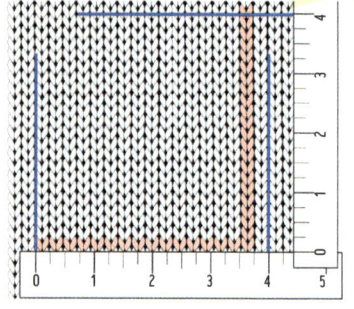

팁 : 어두운 색상이나 털이 많은 실로 뜨고 있다면, 코가 잘 보이지 않을 수 있습니다. 그럴 때는 스와치를 창문에 붙이고 빛이 통과하게 한 뒤, 그 상태에서 게이지를 측정해 보세요!

올릴까? 아니면 내릴까?

지금 뜨고 있는 편물이 게이지와 맞지 않는 것 같다면, 바늘 호수를 바꿔야 합니다. 그럼 호수를 올려야 할까요, 아니면 내려야 할까요? 믿기 어렵겠지만, 숙련된 뜨개인마저도 이 판단을 어려워할 때가 있습니다.

기억하세요. 10cm 안에 도안이 지시한 것보다 더 많은 코가 들어간다면, 지금 뜨는 코가 너무 작다는 뜻입니다. 이럴 때는 더 큰 바늘로 바꾸세요. 반대로, 10cm 안에 도안이 지시한 것보다 코가 더 적게 들어간다면, 지금 뜨는 코가 너무 크다는 의미이므로 더 작은 바늘을 쓰면 됩니다. 같은 공간에 디자이너가 뜬 것보다 더 많은 코가 들어간다는 것은, 그만큼 코가 더 작다는 뜻이니까요.

단수 게이지에도 똑같은 원리가 적용됩니다. 그런데 길이에 대해서는 사람들이 자주 혼동하곤 합니다. 어떤 분이 예전에 이렇게 말하는 걸 들었어요. "저는 10cm에 32단이 아니라 28단밖에 안 나와요. 그래도 키가 작으니까 옷이 좀 짧아져도 괜찮아요." 하지만 같은 길이에 디자이너보다 단 수가 적게 들어간다면, 당신이 뜨는 단은 더 길다는 뜻입니다. 만약 도안에서 "8단마다 코 줄이기" 같은 지시가 있다면, 당신이 뜨는 8단은 디자이너가 뜨는 8단보다 훨씬 길어집니다. 테이블 위에 아이폰 8대를 늘어놓은 것과 아이패드 8대를 늘어놓은 모습을 떠올려 보세요. 단수 게이지에 맞추려면 도안을 조정해야 합니다.

───── **더 나은 편물 만들기 : 뜨개 기술** ─────

바늘 호수를 바꿨는데도 게이지가 크게 달라지지 않는다면 어떨까요? 걱정하지 마세요. 아무도 잘 말하지 않는 또 다른 비밀이 있습니다. 우리는 기계가 아니기에 언제나 최적의 방식으로 뜨개를 하지는 않습니다. 왜 어떤 사람은 항상 바늘 호수를 세 단계나 줄여야 하고, 또 어떤 사람은 세 단계나 올려야 할까 궁금했던 적이 있나요? 그건 전적으로 바늘을 어떻게 다루고, 코를 어디에서 만드느냐에 달려 있습니다.

제 인생의 대부분이 그렇듯,
이 일도 될 수 있으면 힘을 덜 들이고 싶어요.
그러니 도구한테 일을 시킵시다!

완벽한 도구 : 계량컵

우리 손에는 항상 같은 크기의 코를, 매번 똑같이 만들어낼 수 있도록 설계된 완벽한 도구가 있습니다. 그것은 바로 소박한 뜨개바늘입니다. 완벽한 코를 만들려면 바늘의 모든 부분을 올바르게 사용해야 합니다. 바늘은 긴 몸통과 뾰족한 바늘 끝으로 이루어져 있으며, 각각 고유한 역할을 갖고 있습니다. 아름답고 뾰족한 바늘 끝은 우리가 지금 뜨려는 코를 왼쪽 바늘(또는 주는 바늘)의 끝으로 옮겨, 오른쪽 바늘(또는 받는 바늘)이 들어갈 공간을 제공하면서 코가 늘어나지 않게 만들어 줍니다.

바늘의 몸통은 코의 크기를 결정합니다. 오른쪽 바늘의 몸통에 실을 감아 새로운 코를 만들기 때문입니다. 바늘의 굵기가 다양한 것은, 원하는 크기의 코를 얻기 위함입니다. 마치 계량컵과 같은 존재라고 보면 됩니다.

그럼 어떻게 하면 완벽한 크기의 코를 만들 수 있을까요? 먼저, 기존의 코를 왼쪽 바늘의 끝으로 옮깁니다. 이렇게 하면 기존 코 아래에 여유 공간이 생겨, 오른쪽 바늘이 코에 무리 없이 들어갈 수 있게 됩니다.

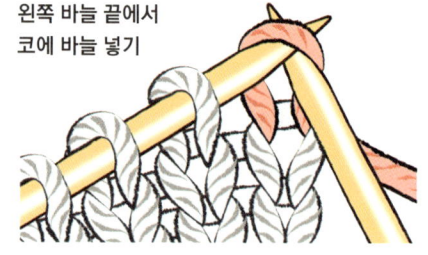

왼쪽 바늘 끝에서
코에 바늘 넣기

그다음 실을 바늘에 감고, 실의 장력을 일정하게 유지하면서 새로운 고리를 이전 고리 속으로 당기거나 밀어 넣습니다. 여기서 가장 중요한 점은, 바늘을 빼내기 전에 새로운 코가 반드시 오른쪽 바늘의 몸통에 맞도록 코의 크기를 맞추어야 한다는 것입니다.

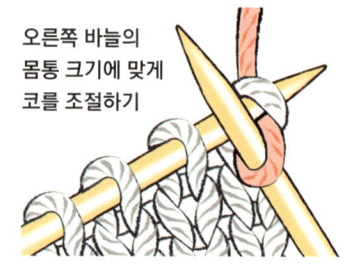

오른쪽 바늘의
몸통 크기에 맞게
코를 조절하기

'그랩 앤 고' vs. '팁 워커'

뜨개바늘의 구조를 제대로 활용하지 않으면 곤란한 상황이 벌어집니다. 어떤 사람은 너무 느슨하게 뜨게 되고, 어떤 사람은 너무 빡빡하게 뜨게 되는 결과를 초래하거든요.

많이 느슨하게 뜨는 뜨개인들을 저는 '그랩 앤 고(grab-n-go)'라고 부릅니다. 이런 유형의 뜨개인은 바늘을 이용해 기존 코에 들어가 실을 걸고, 그 고리를 오른쪽 바늘로 옮기기까지는 합니다. 하지만 거기서 멈추고 맙니다. 새로 만든 코의 크기를 바늘 굵기에 맞추지 않는 것이지요. 이는 마치 계량컵을 밀가루에 푹 담아 산처럼 수북이 올린 뒤, 윗면을 평평하게 고르지 않고 그냥 쓰는 것과 같습니다.

뜨개코를 바늘 굵기에 맞추지 않는다

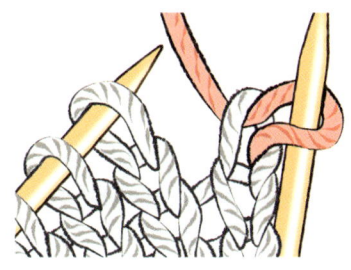

바늘을 이용해 코의 크기를 맞추지 않았다는 뚜렷한 신호는, 바늘 아래에 공간이 보일 때입니다. 어떤 때는 그 공간이 너무 커서, 때로는 바늘 하나가 더 들어갈 정도가 되기도 합니다.

코 아래의 공간

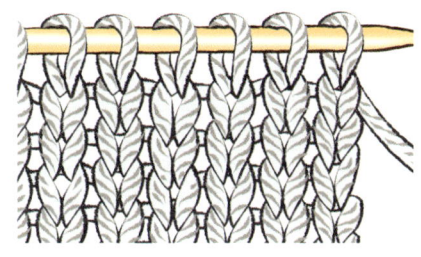

어떤 사람은 이렇게 생각할지도 모릅니다. 코를 느슨하게 빼낸 다음, 오른쪽 바늘에 옮겨 걸고 나서 실을 잡아당기면 되지 않을까? 하지만 그건 단지 바로 아래 단의 코 다리들만 위로 끌어올릴 뿐, 새로 만든 코의 크기를 맞추지는 못합니다. 야구에 눈물이 소용없듯, 뜨개에서 잡아당기기로 해결할 수 있는 건 없습니다.

실을 잡아당기면 아래의 코가 들려 올라간다

그렇다면 너무 빡빡하게 뜨는 뜨개인은 어떨까요?
그건 또 왜 그런 걸까요?

바늘 끝으로만 코를 만드는 뜨개인을 저는 '팁 워커(tip worker)'라고 부르는데, 이들이 만드는 코는 바늘조차 잘 들어가지 않을 정도로 빡빡해질 때가 있습니다. 이런 유형의 뜨개인은 이전 코를 왼쪽 바늘 끝으로 옮기는 것은 문제 없이 하지만, 여기서 코의 크기를 제대로 맞추는 과정을 건너뜁니다. 새롭게 만든 코를 바늘 굵기에 맞게 잡아주지 않고, 오른쪽 바늘 끝에 걸려 있는 그대로의 상태에서 새 코를 빼버리는 것이지요.

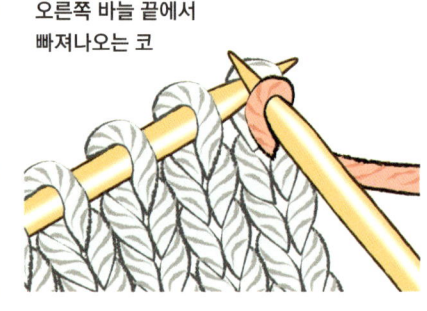

오른쪽 바늘 끝에서
빠져나오는 코

바늘 끝은 몸통 부분보다 훨씬 가늘어서 지나치게 작은 코가 생기고 맙니다. 오른쪽 바늘 끝에 작은 코가 몇 코 생기면 바늘의 굵은 부분으로 밀려나면서 빡빡해집니다. 마치 2호(2.7mm) 바늘로 만든 코를 5호(3.6mm) 바늘에 옮기는 꼴이지요!

'그랩 앤 고' 혹은 '팁 워커' 유형의 뜨개인이 일정한 게이지를 유지하기는 매우 어렵습니다. 각각의 코를 바늘 굵기에 맞추지 않는다면, '그랩 앤 고' 방식에서는 코가 지나치게 느슨해지고, '팁 워커' 방식에서는 실을 감는 위치에 따라 바늘 끝의 굵기가 달라지므로 코 크기도 달라집니다.

Knitting Exercise:

내가 뜬 코가 실제로는 몇 호 바늘에 맞는지 확인하려면, 코를 현재 바늘에서 빼낸 뒤 더 큰 바늘을 하나씩 끼워 보세요. 걸림도 없고, 코 밑에 빈 공간도 없이 자연스럽게 들어가는 순간, 그 바늘 굵기가 바로 그 코에 맞는 호수입니다. 이제 그 호수의 바늘로 다시 뜨개를 해보되, 이번에는 새 코를 만들 때마다 반드시 오른쪽 바늘의 몸통 굵기에 크기를 맞추어 주세요.

코와 코 사이의 간격 :
친구라도 적당한 거리를

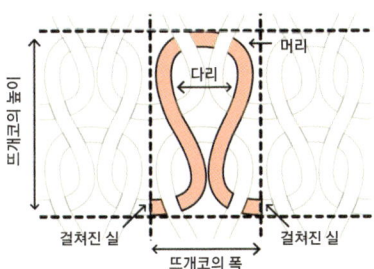

뜨개코의 구조

콧수와 단수 게이지에 크게 영향을 주는 또 하나의 요소는, 바로 코와 코 사이의 간격입니다. 뜨개코는 끊기지 않은 하나의 실로 이어져 있습니다. 코의 다리와 머리 부분은 바늘에 걸린 실의 고리로 만들어지지만, 그 외에도 한 코에서 다음 코로 이어지는 실도 걸쳐져 있습니다. 이 걸쳐진 실이 길수록, 코와 코 사이의 간격이 넓어지게 됩니다.

한 단의 코들을 친구들이 나란히 서서 팔을 걸고 있는 모습이라고 생각해 보세요. 그런데 이번엔 그 친구들이 서로의 허리를 꽉 껴안고 서 있다면, 너무 가까워 불편할 것입니다. 반대로 팔을 뻗어 손끝이 닿을 정도로 서 있다면, 또 너무 멀리 떨어져 있겠지요. 우리가 원하는 것은, 코들이 팔을 나란히 걸고 적당한 간격을 유지하는 모습입니다.

친구들이 적당한 간격을 유지하도록 하는 비밀은, 코가 빠져나가는 경로를 조절하는 데 있습니다. 저는 왼쪽 바늘 위의 코들이 마치 마트 계산대의 컨베이어 벨트 위를 흘러가는 물건들 같다고 생각합니다. 두 바늘을 X 모양으로 교차한 상태로 오른쪽 바늘에 새 코를 만든 후, 왼쪽 바늘이 가리키는 방향으로 새 코를 밀어내듯 빼내 보세요. 이렇게 하면 새 코가 깔끔하게 빠져나가면서 걸쳐진 실도 뒤틀리지 않고, 다음 코 역시 자연스럽게 왼쪽 바늘 끝으로 이동할 것입니다.

바늘을 붙인 상태로 코의 크기를 맞춘다.

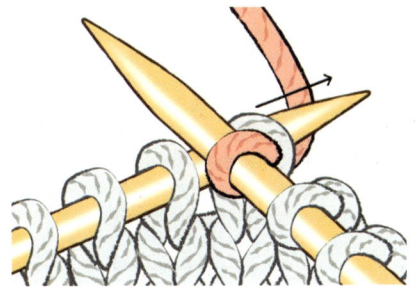

왼쪽 바늘의 각도에 맞춰 코를 빼낸다.

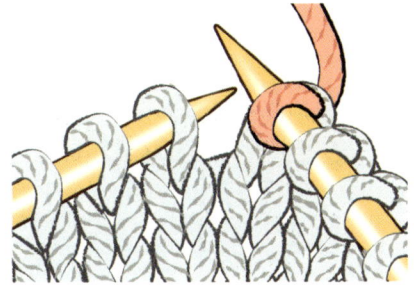

'스프레더'

뜨개코가 너무 넓어서 자기 게이지에 불만을 느끼는 사람도 있습니다. 저는 이런 타입의 뜨개인을 '스프레더(spreader)'라고 부릅니다. 가느다란 바늘로 떠도 콧수 게이지가 커지는 사람이지요. 스프레더가 되는 이유는 뜨개코 사이의 간격이 너무 벌어지기 때문입니다.

그렇다면 코와 코 사이의 간격이 너무 벌어지는 원인은 무엇일까요? 몇 가지로 생각해 볼 수 있습니다. 기존의 코를 왼쪽 바늘 끝이 아니라 몸통 부분에 걸어 뜨고 있을 수도 있습니다. 또는 새 코를 만들 때 두 바늘을 서로 벌리고 있을 수도 있습니다. 혹은 새 코를 오른쪽 바늘로 옮긴 후 너무 아래쪽으로 밀어 내려두고 있을 수도 있습니다. 이 중 몇 가지가 함께 작용할 수도 있겠지요. 이런 요인은 하나같이 걸쳐진 실이 늘어지게 하고, 코와 코의 간격을 넓히고 맙니다. 이런 방식은 코들이 나란히 팔을 걸고 있는 상태를 방해하는 셈입니다.

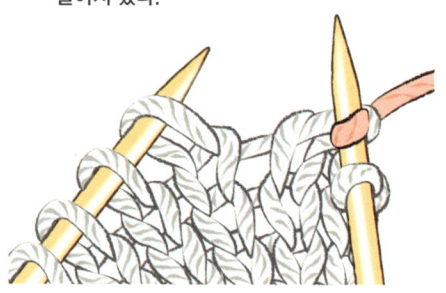

좌우의 바늘이 너무 멀리 떨어져 있다.

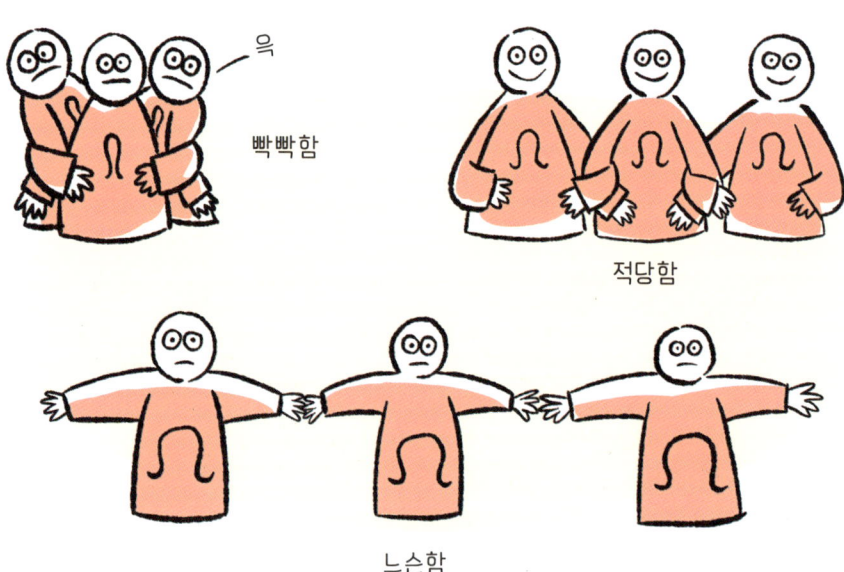

빡빡함

적당함

느슨함

제가 관찰한 바로는, 스프레더 타입의 뜨개인은 게이지를 빡빡하게 하려고 점점 가느다란 바늘로 바꾸고, 동시에 실을 더욱 세게 잡아당겨 보상하려 한다는 것입니다. 하지만 이런 방식은 문제를 오히려 악화시켜, 이해하기 어려운 게이지 조합을 만들어내기도 합니다. 즉, 콧수 게이지는 넓어지고, 단수 게이지는 짧아지는 경우입니다.

가는 바늘로 코를 너무 잡아당기면 짧은 코가 만들어져 단수 게이지가 짧아집니다. 반대로 코 사이 간격은 벌어져 있어 콧수 게이지가 커집니다. 그래서 스프레더의 전형적인 징후 중 하나는, 코 게이지는 지나치게 크고 단 게이지는 지나치게 짧다는 점입니다. 아래 스와치를 비교해 보면 그 차이를 확인할 수 있습니다.

두 개의 스와치는 각각 동일한 콧수와 단수로 떴습니다. 왼쪽 스와치는 추천하는 호수의 바늘로 뜬 것이고, 오른쪽의 스와치는 그보다 가는 바늘로 뜬 것으로, 단수 게이지는 촘촘해지고, 콧수 게이지는 느슨해져 있습니다.

US 8호(5mm) 바늘,
20코×26단(가로세로 10cm당)

US 4호(3.5mm) 바늘,
19코×36단(가로세로 10cm당)

우리의 궁극적인 목표는 기능에 맞는 형태를 지닌 안정된 짜임의 편물을 만들어내는 것입니다. 그렇지만 모든 뜨개인은 서로 다릅니다. 어떤 뜨개인은 도안에 제시된 게이지와는 맞지 않을 수도 있지만, 안정된 편물을 만들어내기도 합니다. 그건 그것대로 참 멋진 일입니다!

게이지가 맞는 것이
꼭 좋기만 한 게 아닌 이유

디자인을 공부하는 학생들에게 제 소개를 할 때 "안녕하세요, 패티입니다. 저는 가슴은 작고, 허리는 보통이고, 엉덩이는 큰데, 그럼 어떤 사이즈로 뜨면 좋을까요?"라는 질문을 던집니다. 제가 학생들에게 전하고 싶은 건, 도안이란 사실 우리가 코와 단 게이지를 정확히 맞추고, 특정 사이즈의 모든 치수를 정확히 일치시킬 때 만들어지는 예시일 뿐이라는 겁니다. 그런데 그런 경우가 과연 얼마나 될까요?

그리고 그 도안 사이즈라는 것도 생각해 볼 필요가 있습니다. 보통 스웨터 사이즈 사이의 간격은 약 2~4인치(5~10cm)입니다. 만약 가슴둘레 36인치(91.5cm)와 40인치(101.5cm) 사이에서 고민하고 있다면, 게이지를 정확히 맞추지 않는 것이 오히려 당신이 원하는 결과를 얻는 방법일 수도 있습니다.

게이지의 원리를 이해하고 나면, 도안을 내 실제 치수와 게이지에 맞게 바꿀 수 있는 힘을 갖게 됩니다. 이것은 단순하면서도 강력한 수학입니다. 맞습니다, 수학…. 다시 말할게요, 수학! 저는 두렵지 않습니다. 그리고 여러분도 두려워할 필요가 없습니다.

마법의 게이지 삼각형

게이지를 다룰 때 필요한 것은 단 세 가지 간단한 공식뿐입니다. 그것뿐이에요. 더 좋은 점은, 이 세 가지 공식이 모두 서로 연결되어 있고, 똑같은 세 가지 요소를 포함한다는 것입니다. 그중 두 가지를 알면, 나머지 하나를 찾을 수 있습니다. 세 가지 요소는 다음과 같습니다.

- 콧수 혹은 단수 (패턴)
- 길이 또는 너비 (완성 치수)
- 일정한 치수에 들어가는 콧수 (게이지)

'패티식' 마법의 게이지 삼각형

시각적으로 기억하기 좋게 '마법의 게이지 삼각형'이라고 부르는 그림을 소개하겠습니다. 게이지가 가진 힘을 의식하기 전에 이 삼각형을 기억해 두는 게 좋아요.

녹색 선은 나눗셈을, X는 곱셈을 뜻합니다. 계산하려는 요소를 가리고 보면, 공식이 저절로 드러납니다.

콧수 또는 단수

완성 치수 (cm)   X   게이지 (1cm당 콧수 또는 단수)

- 완성 치수가 몇 센티미터인지 모르겠나요? 삼각형의 'cm'을 가리면 계산식을 알 수 있어요. (콧수 또는 단수 ÷ 게이지)
- 콧수 또는 단수를 모르겠나요? 삼각형의 '콧수 또는 단수'를 가려보세요.
  (완성 치수(cm) × 게이지)
- 게이지를 모르겠나요? 삼각형의 '게이지'를 가리세요.
  (콧수 또는 단수 ÷ 완성 치수(cm))

이 단순한 수학은 우리 일상에서 매일 아무 생각 없이 사용됩니다. 그런데도 뜨개에만 적용하면 우리는 갑자기 겁을 먹곤 하지요.

저는 이것을 늘 "쿠키 수학"이라고 부릅니다.
왜 그런지 한번 살펴봅시다.

게이지 계산 = '쿠키 수학'

접시에 쿠키가 10개 있고, 친구 5명이 놀러 왔습니다.
이 경우, 몇 개씩 나눠 먹어야 좋을지 생각하는 데
겁이 나지는 않겠지요?

쿠키의 총 개수 ÷ 친구 인원 = 1명당 먹을 개수
10 ÷ 5 = 2

그럼 10cm의 스와치에 20코가 있는 경우,
1cm당의 콧수를 두려워하지 말고 계산할 수 있겠죠?

콧수 또는 단수 ÷ 치수(cm) = 게이지
20코 ÷ 10cm = 2코
따라서, 1cm당 2코가 됩니다.

친구가 5명 올 예정인데 쿠키를 한 명당 2개씩 주고 싶은 경우,
이 복잡한 계산을 간단히 풀어
필요한 쿠키의 개수를 계산해 볼게요.

친구 수 × 1명당 쿠키의 개수 = 쿠키의 총 개수
5 × 2 = 10

폭이 20.5cm의 스카프를 뜨고 싶은데
게이지가 1cm당 2코인 경우,
이 복잡한 계산을 간단히 풀어 필요한 콧수를 계산해 봅시다.

치수(cm) × 게이지 = 콧수
20.5cm × 2코 = 41코

쿠키가 10개 있고 친구 1명당 2개씩 주고 싶은 경우,
이 복잡한 계산을 간단히 풀어
초대할 친구의 수를 계산해 봅시다.

쿠키의 총 개수 ÷ 1명당 쿠키 개수 = 초대할 친구 수
10 ÷ 2 = 5

만약 어떤 도안에서 스웨터의 가로 폭 콧수가 117코이고,
도안의 게이지가 10cm당 26코(1cm=2.6코)라고 한다면,
실제 치수를 계산할 수 있나요?
게이지는 그렇게 복잡한 게 아닙니다.
단지 1cm당 들어가는 콧수나 단수일 뿐이니까요.

콧수 ÷ 게이지 = 치수(cm)
117코 ÷ 2.6코 = 45cm

게이지가 달라도 '쿠키 수학'은 똑같다!

친구 1명당 줘야 할 쿠키 개수를 바꾸기로 하고
1명당 1개 반을 줄 경우,
초대할 친구의 수를 계산하는 건 어렵지 않겠지요?

쿠키의 총 개수 ÷ 1명당 쿠키 개수 = 초대할 친구 수
10 ÷ 1.5 = 6.6
(친구 6명, 그리고 아이 1명을 데리고 와도 됩니다.)

바로 이런 계산식을 패턴을 계산할 때도 똑같이 적용하면 됩니다.

여기 예를 들어 보겠습니다. 다음과 같은 정보가 담긴 도안이 있다고 가정해 봅시다.

가슴 부분의 콧수(앞판과 뒤판 각각) : 104 (117, 130, 143, 156, 169, 182, 195) 코

스웨터 너비 : 40.5 (45.5, 51, 56, 61, 66, 71, 76) cm

완성된 가슴둘레 : 81 (91, 102, 112, 122, 132, 142, 152) cm

패턴 게이지 : 10cm = 26코

만약 나의 게이지가 느슨한 경우, 다시 말해 10cm당 콧수가 패턴의 숫자보다 적은 경우, 아주 복잡한 계산을 하지 않고도 내 게이지로 진행했을 때 어떤 패턴 사이즈를 골라야 적절한 완성 치수가 되는지를 도출할 수 있습니다.

콧수 ÷ 게이지 = 치수(cm)

내 게이지가 10cm당 24코(1cm = 2.4코)이고, 세 번째 사이즈에 가까운 치수를 원한다고 합시다. 도안보다 더 큰 게이지로 뜨고 있으니, 두 번째 사이즈 지침을 따르면 어떤 결과가 나오는지 확인해 봅시다. 그렇게 하면 최종적으로 세 번째 사이즈에 더 가까운 결과가 나올 것입니다.

117코 ÷ 2.4코 = 48.75 (약 49cm)
49cm × 2(앞뒤) = 98cm (완성된 가슴둘레)

스와치를 아직 뜨지 않았다면, 목표로 하는 게이지를 쉽게 계산할 수 있습니다.

예를 들어, 두 번째 사이즈와 세 번째 사이즈 사이의 크기를 원한다고 가정해 봅시다. 완성 가슴둘레 95cm를 목표로 했습니다. 이는 스웨터 앞뒤가 대략 47.5cm가 된다는 의미입니다. 하지만 샘플 패턴은 91cm와 102cm의 사이즈 정보만 제공하고 있습니다. 그렇다면 목표로 할 게이지는 무엇일까요?

콧수 ÷ 치수(cm) = 게이지

가까운 사이즈 중 하나를 골라 계산하면 될 것입니다. 예를 들어, 두 번째 사이즈의 콧수를 사용한다면:

117코 ÷ 47.5cm = 2.46
(1cm당 2.46코)

10cm로 환산하면 24코 반(24.6코)의 스와치를 뜨면 된다는 것을 알 수 있습니다. 단수 게이지는 조금 더 조정할 필요가 있지만, 그 부분은 다음에 살펴보겠습니다.

단수 게이지: 왜 그렇게 될까?

게이지 수업에서 "콧수 게이지와 단수 게이지를 동시에 맞추기 어려웠던 분?" 하고 물으면 많은 분들이 손을 번쩍 듭니다. 그럼 저는 이렇게 말을 이어요. "손을 들지 않은 분은 둘 중 하나에 해당할 거예요. 단수 게이지를 재본 적이 없거나 혹은 진실을 말하지 않거나."

단수 게이지 차이는 여러 가지 요인에서 생길 수 있습니다. 바늘의 재질, 뜨개 스타일이나 기법, 실의 섬유 성분, 그리고 실의 짜임 등 다양한 요소가 영향을 줍니다. 이런 요소 중 하나를 바꾸기만 해도 단수 게이지는 변하지만, 가장 중요한 건 블로킹까지 마친 최종 단수 게이지를 정확히 재는 일입니다. 그래야 올바르게 보정할 수 있습니다.

스웨터를 뜰 때 가장 효과적인 조언을 하자면, 그건 바로 줄자를 사용하는 횟수를 최대한 줄이라는 점입니다. 저는 수강생들에게 말하지요. "줄자가 편물에 닿는 건 두 번뿐이에요. 첫 번째는 게이지를 잴 때, 두 번째는 블로킹을 할 때입니다"라고. 그럼 다들 '아니, 잠깐만' 하고 생각할(또는 외칠) 거예요. 그리고 "도안에 '편물을 시작코에서 33cm가 될 때까지 뜨세요'라고 적혀 있을 때는 어떻게 해야 하나요?"라는 질문이 되돌아옵니다. 네네, 일단 진정하세요. '패턴에 33cm를 쭉 뜨세요'라고 적혀 있다면 '미리 잰 단수 게이지를 기반으로 33cm분의 단수를 뜬다'라고 생각하세요. 이렇게 하면 실패할 수가 없답니다.

단수 게이지가 다르다면, 모양이 바뀌는 부분에서는 약간 조정이 필요할 수 있지만 걱정하지 마세요. 앞서 이야기했던 강력한 계산식을 쓰면 되니까요! 그저 간단한 순서를 몇 가지 따르기만 하면 됩니다.

다른 게이지로도 동일한 사이즈 완성하기

1 셰이핑 구간(코를 늘리거나 줄이는 부분)의 단수를 센다.

2 위의 단수를 도안의 단수 게이지로 나누면,
셰이핑 구간의 길이(cm)를 알 수 있다.

3 위의 치수(cm)에 나의 단수 게이지를 곱하면,
셰이핑 구간의 총 단수를 알 수 있다.

4 셰이핑 구간의 총 단수를 셰이핑 횟수로 나누고, 소수점 이하는 버린다.

위의 순서를 실제로 소매에 적용해 봅시다. 아마 이런 트라우마를 경험한 분도 많을 거예요. 도안에서는 '편물의 양 끝에서 1코씩 늘리고, 10단마다 12회를 같은 방식으로 늘리며, 이후는 소매 기장이 45.5cm가 될 때까지 늘림 없이 뜬다 (또는 단평으로 뜬다).'라고 되어 있어요. 그런데 코늘림을 끝내고 보니 소매 길이가 이미 48.5cm가 되어 버린 그런 일이요! 네, 바로 단수 게이지 때문입니다.

도안의 단수 게이지는 10cm당 32단이지만, 나의 단수 게이지는 10cm당 28단이라고 해봅시다.

이제 앞서 말한 네 단계를 적용해 보겠습니다.
셰이핑 계산에는 더 복잡한(이른바, 마법의 계산 공식 같은) 방법도
있지만, 이 간단한 방법만으로도 충분히 잘할 수 있습니다.

STEP #1:

셰이핑 구간의 단수를 센다.

소매 패턴은 소맷부리부터 뜨기 시작합니다.
코늘림 단을 1단 뜨고, 10단마다 12회 반복합니다.

10단 × 12회 = 120단이 셰이핑 구간의 단수입니다.

STEP #2:

**위의 단수를 도안의 단수 게이지로 나누면,
셰이핑 구간의 길이(cm)를 알 수 있다.**

120단 ÷ 3.2단(1cm당) = 37.5cm

소맷부리를 뜨고, 소매를 셰이핑한 후에도
아직 8cm를 더 늘림 없이(단평으로) 뜰 수 있다는 뜻이 됩니다.

STEP #3:

**위의 치수(cm)에 나의 단수 게이지를 곱하면,
셰이핑 구간의 총 단수를 알 수 있다.**

37.5cm × 2.8단(1cm당) = 105단

STEP #4:

**셰이핑 구간의 총 단수를 셰이핑 횟수로 나누고,
소수점 이하는 버린다.**

105단 ÷ 12회 = 8.75단 (8단마다 코 늘리기)

소맷부리에서 뜨기 시작해서, 첫 번째 늘림 단을 뜬 후, 코늘림 단을 8단마다 12회 반복합니다. 그리고 소매 기장이 45.5cm가 될 때까지 늘림 없이 뜹니다.

형태가 달라도 같은 계산식!

이 계산식은 다른 게이지로 스웨터의 셰이핑 구간을 맞출 때만이 아니라, 옷의 형태를 바꿀 때도 활용할 수 있습니다.

예를 들어, 같은 소매를 뜨되 7부 소매로 만들고 싶고 단수 게이지가 다르다고 합시다.

소매를 짧게 만들기 위해 한 단계를 추가할 것입니다. 물론 같은 방법을 사용하여 셰이핑 구간을 더 길게 늘릴 수도 있습니다.

다른 게이지로 완성 치수를 바꾸는 법

1 셰이핑 구간의 단수를 센다.

2 위의 단수를 도안의 단수 게이지로 나누면, 셰이핑 구간의 길이(cm)를 알 수 있다.

3 소매 길이에서 줄이고 싶은 만큼(cm)을 뺀다.

4 위의 치수(cm)에 나의 단수 게이지를 곱하면, 셰이핑 구간의 총 단수를 알 수 있다.

5 셰이핑 구간의 총 단수를 셰이핑 횟수로 나누고, 소수점 이하는 버린다.

위에서 사용한 같은 소매를 예로 들어봅시다.
도안의 소매 길이는 45.5cm이고,
단수 게이지는 10cm당 32단입니다.

원하는 소매 길이는 35.5cm이고,
게이지는 10cm당 28단입니다.

STEP #1:

셰이핑 존의 단수를 센다.

소매 패턴은 소맷부리부터 뜨기 시작합니다. 코늘림 단을 1단 뜨고, 10단미다 12회 반복합니다.

10단 × 12회 = 120단이 셰이핑 구간의 단수입니다.

STEP #2:

셰이핑 구간의 단수를 도안의 단수 게이지로 나누면, 소매 셰이핑 구간의 길이(cm)를 알 수 있다.

120단 ÷ 3.2단(1cm당) = 37.5cm

STEP #3:

소매 길이에서 줄이고 싶은 만큼(cm)을 뺀다.

나는 소매를 10cm 줄이고 싶으므로, 소매 셰이핑 구간 37.5cm에서 10cm를 뺍니다.

37.5cm − 10cm = 27.5cm

STEP #4:

위의 치수(cm)에 나의 단수 게이지를 곱한다.

27.5cm × 2.8단 (1cm당) = 77단

STEP #5:

셰이핑 구간의 총 단수를 셰이핑 횟수로 나누고, 소수점 이하는 버린다.

77단 ÷ 12회 = 6.4단 (6단마다 코 늘리기)

소맷부리에서 뜨기 시작해서, 첫 번째 늘림 단을 뜬 후, 코늘림 단을 6단마다 12회 반복합니다. 그리고 소매 기장이 35.5cm가 될 때까지 늘림 없이 뜹니다.

짠! 이게 바로 쿠키 수학입니다!

당신을 속이지 않는 스와치를 만들어 맘에 드는 편물을 완성하세요. 계산을 효과적으로 활용하여 몸에 꼭 맞는 스웨터를 만들어보세요. 수고하셨습니다. 이제 맛있는 쿠키를 즐기세요!

Words of Wisdom

—

KNITTING PATTERNS, LIKE LIFE, ARE BEST WHEN WE DON'T TRY TO OVERCOMPLICATE THEM.

뜨개 도안은 인생과 똑같아요.
필요 이상으로 복잡해지지 않는 게 제일이랍니다.

CHAPTER 3 — 도안

무시할 것인가, 따라야 할 것인가 그것이 문제로다

이 책의 핵심이자 중심인 뜨개의 여러 기술에 대해 논하기 전에 도안에 대해 이야기하고자 합니다. 처음 뜨개를 시작할 때는 도안에서 무엇을 기대해야 하는지, 또 어느 정도까지 따르고 무엇을 생략할 수 있는지 판단하기 어렵습니다. 실은 반드시 같은 것을 써야 할까? 모든 지시를 일일이 따라야 하는 건가? 모든 기법을 충실하게 지켜야 하나?

분명한 사실은 하나입니다. 도안은 우리가 코를 잡기 전에 두 가지 큰 사실을 안내해 준다는 것입니다. 게이지, 실, 치수를 제시함으로써 도안은 우리가 '무엇을 만들까' 그리고 '무엇으로 만들까'를 알려줍니다.

무엇으로 만들까
(혹은 '일류 요리사'가 되기 위해선)

먼저 재료부터 살펴보겠습니다. 일반적으로 뜨개를 할 때는 두 경우로 나뉩니다. 마음에 드는 도안을 먼저 선택한 뒤 그에 맞는 실을 찾는 경우와, 마음에 드는 실을 먼저 발견한 뒤 그에 맞는 도안을 찾는 경우입니다. 그러나 어느 쪽이든 실과 도안의 결합은 가볍게 이루어져서는 안 되며, 신중하고 진지하게, 그리고 스와치 과정을 거쳐야만 비로소 의미 있는 만남이 됩니다.

실 대체에 관한 내용만 다룬 책도 있을 만큼 이 주제는 방대하기 때문에, 여기에서 몇 문단으로 다 설명드릴 수는 없습니다. 대신 성공적인 결과를 얻기 위한 세 가지 핵심 조언을 소개해 드리겠습니다.

TIP #1:
테스트하기

무엇보다 중요한 것은 결정을 서두르지 않는 것입니다. 실의 라벨만 보고 성급하게 집어 드는 선택은 바람직하지 않습니다. 그것은 마치 사과 파이가 먹고 싶다는 생각이 들어 부엌을 둘러보다가 식빵 한 덩어리, 완두콩 통조림, 스팸 한 캔을 발견하고는 "좋아, 이제 사과 파이를 만들 수 있겠네!"라고 선언하는 것과도 같습니다. 더 나은 선택을 하십시오. 스팸 파이를 만들지 마세요.

실을 사러 가기 전에 먼저 충분히 고민해 보세요. 최고의 셰프는 레시피를 들고 시장에 가서 단순히 "소고기 있나요?"라고 묻지 않습니다. 절대로 그런 말은 안 합니다. 그들은 자신이 원하는 부위가 무엇인지, 그리고 그 고기에 어느 정도의 마블링이 있어야 하는지 정확히 알고 있습니다. 우리 또한 재료를 선택할 때 그만큼의 고민과 신중함을 기울여야 합니다. 실험하고, 시도하고, 스와치를 떠봐야 합니다.

좋은 실을 선택한다는 것은 단순히 라벨에 적힌 게이지만 보는 것이 아니라, 그 실을 구성하는 모든 요소를 살피는 것을 의미합니다. 섬유의 종류, 실의 구조, 꼬임, 질감 등 모든 면을 고려해야 합니다. 그렇다면 그 실이 만들어낼 편물이 마음에 들지, 또 특정 무늬와 잘 어울릴지를 어떻게 알 수 있을까요? 답은 하나입니다. 스와치입니다. 그것도 가로 세로 10cm의 귀여운 것을 뜨고 '이제 스와치 떴으니까 뜨개 시작해야지' 하는 수준이 아니라, 충분히 크게 떠서 털어 보고, 만져 보고, 늘려 볼 수 있는 샘플이어야 합니다. 우리는 이미 정확한 게이지를 얻기 위해 큰 스와치가 필요하다는 사실을 배웠습니다. 큰 스와치는 게이지를 확인하는 것뿐만 아니라, 우리가 만들게 될 편물의 성질을 이해하는 데에도 꼭 필요합니다.

TIP #2:
스웨터가 '자란다'?

실을 고를 때 우리는 그 섬유가 지닌 특성, 즉 보온성, 흡수성, 신축성, 복원력을 고려해야 합니다. 물론 큰 스와치를 떠 봄으로써 실에 대해 많은 것을 알 수 있지만, 여기에서 꼭 짚고 넘어가고 싶은 문제가 한 가지 있습니다. 뜨개인들이 가장 흔히 호소하는 문제로, 처음에는 멋져 보이지만 입고 있으면 점점 길어져 버리는 옷을 말합니다. 저 역시 예전에 코튼과 뱀부 혼방사로 스퀘어넥 상의를 떴는데, 시간이 지날수록 가슴께에 서늘한 바람이 스며드는 느낌이 점점 커졌습니다. 결국 친구가 "세상에, 그러다 다 보이겠어! 조금은 상상할 여지를 남겨둬!"라고 말했을 때 상황이 임계점에 이르렀음을 알았습니다. 분명히 말하지만, 편물이 끝없이 계속 늘어나는 것은 아닙니다. 그러나 조건이 맞으면 몇 시간 만에 카디건이 목욕 가운으로 변신하는 일은 실제로 있답니다.

편물이 늘어날지 아닐지를 예측하려면 실의 신축성과 복원력을 확인해야 합니다. 신축성은 섬유가 늘어나는 힘, 복원력은 원래 형태로 돌아가는 힘을 뜻합니다. 이전 장에서 스와치에 작용하는 중력의 영향에 대해 배운 내용을 기억해 보세요.

특정한 실이 늘어나는 성질을 가졌는지 어떻게 알 수 있을까요? 제 판단 기준은 편물의 광택 여부입니다. 광택이 있으면 늘어날 가능성이 있어요. 실크, 레이온, 나일론, 슈퍼워시 메리노, 뱀부 등의 섬유는 전부 표면이 매끄럽고 빛을 반사합니다. 표면이 매끄럽다는 것은, 단과 단 사이에서 뜨개코끼리 서로 맞물려 고정되지 못한다는 뜻입니다. 결국 뜨개코끼리 미끄러져서 편물이 세로로 늘어나게 되는 것입니다.

뜨개를 할 때 저지르기 쉬운 최대 실수는 복원력이 부족한 섬유를 가지고 가터뜨기처럼 세로로 늘어나기 쉬운 편물을 뜨는 것(태양의 서커스단의 곡예사 모습을 떠올려 보세요)입니다. 의심스러울 때는 디자이너가 원래 사용한 실의 섬유 성분을 확인하는 것이 좋습니다. 그 실에 복원력이 있다면, 그 대체할 실을 찾는 경우에도 마찬가지로 복원력이 뛰어난 울 등의 소재를 찾는 것이 좋습니다.

TIP #3:
밀도의 중요성

마지막으로, 실 선택에서 가장 놓치면 안 되는 요소를 꼽는다면 실의 밀도, 다시 말해 번수일 것입니다. 번수란 무게와 길이의 관계를 의미하지요. 뜨개인 여러분은 '무게'라고 하면 실의 굵기를 떠올릴 것입니다. 워스티드(병태사 정도의 굵기)나 핑거링(중세사 성도의 굵기) 등을 말이지요. 여기서는 저울에 올려놓았을 때의 중량을 일컫습니다.

같은 게이지를 내는 실이라도 무게는 꽤 큰 차이가 날 수 있습니다. 실의 무게는 섬유 성분과 구조에 따라 달라집니다. 예를 들어, 어떤 워스티드 굵기 실이 320m/100g이고, 다른 워스티드 실은 160m/100g라면, 후자의 실로 완성한 스웨터는 전자의 두 배 무게가 됩니다. 밀도는 편물의 전체 무게뿐 아니라 처짐과 드레이프 느낌에도 영향을 줍니다. 잘못 사용한 대체 실과 부적절한 사이즈 선택까지 겹치면, 원래는 가벼운 스웨터를 뜨려다가 10톤 텐트를 뜨게 될지도 모릅니다.

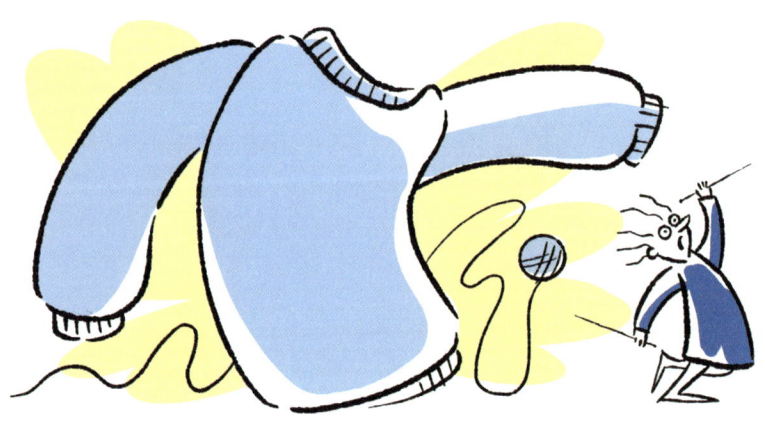

무엇을 만들건 사이즈는 중요하다

스웨터를 뜰 때 올바른 재료 선택 못지않게 올바른 사이즈 선택이 매우 중요합니다. 제 경험상, 스웨터가 너무 작게 완성되는 이유의 99%는 스와치 과정을 성급하게 마친 데 있습니다. 반대로 스웨터가 너무 크게 완성되는 이유의 99%는 사이즈 선택을 잘못했던 게 원인이었습니다.

사이즈 선택은 최근 들어 '여유분' 논의와 함께 더욱 혼란스러워졌습니다. 때때로 제공되는 과한 정보가 도움이 되기는커녕 오히려 혼란을 불러올 수도 있습니다. 도안에서 여유분을 언급하는 것이 명확함보다는 혼란을 가중시킬 수 있다는 사실을 처음 깨달은 것은, 뜨개인들로부터 질문을 받기 시작했을 때였습니다. 예컨대, "여유분이 이미 포함된 건가요?", "도안에 '2인치(5cm)의 여유분을 두고 착용하도록 설계됨'이라고 적혀 있는데, 완성 치수가 가슴둘레 40인치(101.5cm)인 스웨터를 원한다면 38인치(96.5cm)를 떠야 하나요, 아니면 42인치(106.5cm)를 떠야 하나요?", 또는 "그럼 도안에 코를 2인치(5cm) 더 추가해야 하나요?"와 같은 질문이었습니다.

이제 차근차근 살펴보겠습니다. 간단히 말해, 여유분이란 몸의 실제 치수와 스웨터 치수 간의 차이를 의미합니다. 네, 그게 전부입니다. 도안에는 완성된 스웨터의 치수가 표시되어 있으며, 무슨 트릭 같은 건 없습니다. 예를 들어, 도안에 스웨터의 가슴둘레가 40인치(101.5cm)라고 되어 있다면, 실제 완성품도 정확히 40인치(101.5cm)입니다. 만약 내 가슴둘레가 38인치(96.5cm)이고, 40인치 사이즈를 뜬다면, 그 스웨터는 내 가슴둘레보다 2인치(5cm) 큰 여유분을 가지게 되는 것입니다.

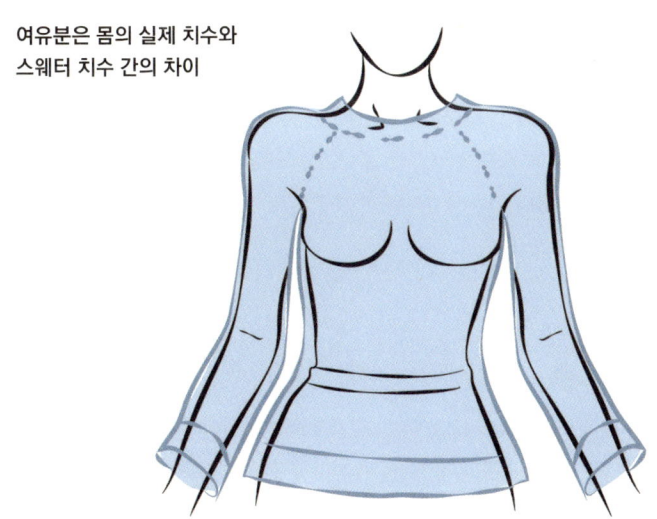

여유분은 몸의 실제 치수와 스웨터 치수 간의 차이

이렇게 생각해 보세요. 가구 카탈로그에 있는 테이블의 크기가 1.2×1.8m라고 표시되어 있다면, 그것은 테이블 자체의 실제 크기를 의미하지, 테이블을 놓을 방의 크기를 의미하는 것이 아닙니다. 그 테이블이 내 방에 알맞은 크기인지 판단하는 것은 전적으로 나의 몫입니다. 테이블 디자이너는 내 방의 크기나 식탁과 벽 사이에 내가 얼마나 여유 공간을 두고 싶은지를 알 수 없습니다. 그 간격은 방마다, 사람마다 다르기 때문입니다.

여유분에 관해서도, 저는 세 가지 주요 요소를 고려하는 편입니다.

스웨터의 구조

스웨터의 구조에 따라 필요한 여유분은 달라집니다. 예를 들어, 드롭 숄더 디자인은 15~20cm의 여유분을 가질 수 있습니다. 왜 이렇게 많은 것일까요? 몸통의 일부 폭이 어깨를 덮고 내려와 소매 윗부분을 형성하기 때문입니다. 만약 몸판 부분에 충분한 여유분이 없다면, 겨드랑이 밑이 뭉치게 됩니다. 래글런 소매의 경우, 활동적인 핏을 위해 겨드랑이 부분을 더 깊게 만들 수 있습니다. 돌먼이나 변형 드롭 숄더 디자인은 더 많은 여유분이 필요합니다. 이러한 구조 또한 소매 윗부분을 형성하기 위해 추가적인 몸통 폭에 의존하기 때문입니다. 반면, 셋 인 슬리브(set in sleeve)의 구조는 팔이 실제로 몸에 연결되는 방식과 가장 유사하기 때문에 다양한 여유분으로 뜰 수 있습니다. 도안에 제시된 사이즈를 참고해 보세요.

디자이너의 의도

먼저 도안에 있는 사진을 살펴보세요. 스웨터가 오버사이즈인지, 루즈핏인지, 테일러드 맞춤형인지, 혹은 슬림핏인지 확인하는 것입니다. 모델이 착용한 모습은 어떠합니까? 도안 설명에 모델이 착용한 사이즈와 여유분이 명시되어 있습니까? 예를 들어, S사이즈의 완성 가슴둘레가 40인치(101.5cm)인 경우, '가슴둘레 34~36인치(86.5~91.5cm) 대상'이나 '4~6인치(10~15cm)의 여유분을 두고 착용'이라고 쓰여 있을 수도 있습니다. 이는 모두 어느 정도 여유를 주면 되는지 판단하기 위한 실마리가 됩니다.

개인적 취향

이것이야말로 중요한 포인트입니다! 이 스웨터를 어떤 핏으로 입고 싶나요? 그 안에는 무엇을 입을 예정입니까? 그리고 당신이 좋아하는 스타일은 무엇입니까? 당신이 저를 위해 뜨는 것이 아닌 이상, 사이즈에 대한 제 의견은 중요하지 않습니다. 실을 대체하는 방법과 마찬가지로, 스웨터 핏에 관한 훌륭한 책들도 많이 있으니 저는 여기에서 제 노하우 중 핵심 팁만을 전해 드리겠습니다.

올바른 사이즈를 고르기 위한 네 가지 팁

TIP #1:
도안에 제시된 여유분은 절대적인 지침이 아니다.

도안에서 언급하는 여유분은 어디까지나 참고용 가이드일 뿐입니다. 그것은 디자이너가 의도하는 착용감을 전하는 방법에 불과하지요. 제가 종종 질문받는 것처럼, 그것이 어떤 공식인 것은 아닙니다. 정확히 맞추어야 하거나 반드시 따를 필요가 있는 것도 아닙니다.

TIP #2:
여유분은 무엇을 기준으로 하나? (힌트: 모든 것은 가슴둘레에 달려 있다.)

도안에 '5~10cm의 여유분을 두고 착용' 혹은 '5~10cm의 여유분을 포함한 사이즈'와 같이 여유분이 언급될 때, 그것은 가슴둘레를 기준으로 하는 것입니다.

왜 하필 가슴둘레일까요? 어떤 스웨터든 진동 둘레나 어깨 주변의 핏 느낌은 다르지만, 스웨터는 기본적으로 하나의 '원통(tube)'이며, 어깨 구조와 상관없이 그 원통은 반드시 내 가슴둘레를 감싸야 합니다. 그렇기 때문에 여유분은 언제나 가슴둘레를 기준으로 합니다.

그럼 정확히 어떤 가슴둘레를 말하는 걸까요? 도안에서는 마치 하나만 있는 것처럼 보이지만, 실제로는 두 가지 가슴 치수가 있습니다. 바로 '풀 체스트(full chest)'와 '하이 체스트(high chest)'입니다. 풀 체스트는 가슴에서 가장 풍만한 부분을 줄자로 감아 잰 치수이고, 하이 체스트는 가슴 윗부분, 즉 풀 체스트 바로 위에서 겨드랑이 아래를 따라 감아 잰 치수입니다. 스웨터 사이즈를 정할 때는 이 하이 체스트 치수에 맞추는 것이 좋습니다.

많은 뜨개인이 하이 체스트를 기준으로 삼고, 거기에 원하는 여유분을 더했을 때 더 좋은 핏감을 얻는다고 말합니다. 하이 체스트는 골격의 치수이기도 하며, 진동 깊이와 어깨뼈 사이 거리 같은 다른 골격 치수와도 연관되어 있습니다. 반면, 풀 체스트는 살을 포함한 치수이기 때문에 여기에 여유분을 지나치게 더하면 핏이 맞지 않는 스웨터가 되기 쉽습니다.

TIP #3:
잘 맞는 스웨터를 하나 재어 보기

도안에 표시된 치수는 완성된 스웨터의 치수이므로, 우선 나에게 잘 맞는 스웨터나 상의를 직접 재 보아야 합니다. 비교할 때는 반드시 같은 기준으로 비교해야 합니다. 이는 신체 치수를 직접 재는 것보다 더 도움이 되는 경우가 많습니다. 단, 반드시 비슷한 원단 두께와 소매 구조를 가진 스웨터나 상의를 골라야 합니다.

이제 가장 중요한 (그리고 아마도 머리를 아프게 만들 수도 있는) 팁입니다.

TIP #4:
만능 사이즈는 존재하지 않는다.

여기 아주 중요한 사실이 있습니다. 대부분의 뜨개인이 충격을 받을지도 모르지만, 재봉하는 사람들에게는 아주 당연한 사실이죠. 당신이 고른 사이즈는 단지 출발점, 즉 기본 사이즈일 뿐입니다. 아무리 많은 사이즈가 준비된 도안이라고 해도 모든 체형에 완벽히 맞을 수는 없습니다. 따라서, 자신의 하이 체스트 치수를 기준으로 적절한 기본 사이즈를 선택하고, 약간의 계산(쿠키 수학이라고 불리는 부분)을 받아들이며, 게이지의 힘을 믿으십시오!

도안의 비밀 언어

마지막으로 본격적인 요령을 배우기 전에, 도안에 사용된 용어에 관해 잠시 이야기해 보겠습니다. 때로는 암호처럼 느껴지는 낯설고 두려운 단어들 말입니다. 왜 제가 전하는 요령 같은 것들이 도안에는 적혀 있지 않냐는 질문을 자주 받곤 합니다. 그 이유 중 하나로, 도안은 약어로 쓰여 있으며, 뜨개인들은 일정 수준의 배경 지식을 갖추었다고 전제하기 때문입니다. 또한, 도안은 가능한 한 단순하게 작성되기 때문입니다.

어깨 부분을 '덮어씌워 코막음'하는 예를 들어봅시다. 어떤 사람이 처음으로 스웨터를 떴을 때(익명으로 그녀를 매디 블라이온스라고 부르겠습니다), 그녀는 아마도 필요 이상으로 더 어렵게 작업했을지도 모릅니다.

도안에는 이렇게 쓰여 있었습니다. "좌우 어깨 끝쪽에서 5코씩 2회 코막음한다." 이 초보 뜨개인은 첫 단을 시작하면서 5코를 코막음하고, 줄 끝까지 뜨다가 마지막 5코를 코막음하고 나서 바늘 위에 애매하게 걸린 코 하나를 두고 어쩌면 좋을지 몰라, 실을 잘라 마지막 코를 처리한 뒤 실끝을 숨겼습니다. 그리고 다음 단을 뜨기 위해 실을 다시 잇고 같은 과정을 반복했습니다. "뭐라고??" 아무튼 당시에는 좋은 방법 같아 보였던 것이죠.

도안에 '좌우 어깨 끝쪽에서 5코씩 코막음한다'라고 간략하게 적혀 있는 것은, 코막음은 단의 시작 부분에서만 할 수 있다는 걸 이미 알고 있다는 것을 전제로 합니다. 또한, 도안은 가장 단순한 기법을 사용하여 작성됩니다. 어깨 모양을 만든다고 하면 덮어씌워 코막음을 의미하지요. 도안은 단지 어깨마다 몇 코를 줄여야 하는지를 알려 줄 뿐입니다. 그 코들을 실제로 어떻게 없앨지는 바로 당신이 가진 뛰어난 실력으로 해결해야 하는 부분입니다.

도안은 어떤 편물의 제작법일 뿐, 뜨개의 방법을 알려주는 것이 아니라는 뜻입니다. 도안은 일종의 레시피와 같아서, 무언가를 하라고만 하고 그것을 어떻게 하는지는 설명하지 않을 수도 있습니다. (혹시 쉬츠 크리크(Schitt's Creek) 팬이시라면, "치즈를 접어 넣으라(fold in the cheese)"는 장면을 떠올려 보세요.) 그러므로 도안을 재료, 치수, 그리고 "치즈를 접어 넣으라" 유형의 지시가 담긴 기본적인 목록으로 생각하는 것이 도움이 됩니다.

자, 그럼 서론은 이쯤 하고, 이제 그 치즈를 접어 넣는 더 좋은 방법들을 몇 가지 배워 봅시다!

Words of Wisdom

—

Better to have KNIT & RIPPED THAN NEVER TO HAVE KNIT AT ALL

떴다가 다시 풀더라도, 아예 뜨지 않은 것보다는 낫다.

CHAPTER 4 — 코잡기

최선의 첫걸음 :
첫인상을 남길 기회는 한 번뿐

우선 코잡기부터 시작합시다. 만약 제가 무인도에 고립되어서 오직 두 가지 코잡기만 가지고 갈 수 있다면 (네, 말도 안 되는 설정이지만 어쨌든 그렇다고 치고 이야기를 들어 주세요.) 롱 테일 캐스트 온과 케이블 캐스트 온을 선택할 것입니다. 이 두 가지 기본형만 알고 있어도 거의 모든 패턴을 거뜬히 만들어낼 수 있습니다. 그러나 둘 다 아직 개선의 여지가 많이 남아 있습니다.

롱 테일 캐스트 온 (Long Tail Cast-On)

롱테일 캐스트 온은 그만한 이유가 있을 만큼 가장 널리 알려지고 사랑받는 코잡기 방법 중 하나입니다. (간단히 복습하고 싶다면 202쪽을 참조하세요.)

완벽한 인생의 동반자처럼, 롱테일 캐스트 온은 다재다능하고 단단하면서도 유연합니다. 하지만 솔직히 말해, 완벽한 동반자조차도 약간의 개선 여지는 있는 법입니다.

롱테일 캐스트 온을 거의 완벽하게 만들어 줄
네 가지의 간단한 팁을 소개합니다.

수정 #1:
두 번 재고, 한 번만 코를 잡아라

시작코를 400코 만들려는데 394코에서 실이 부족해지는 일만큼 짜증 나는 일도 없습니다. 지금까지 많은 요령들이 소개됐습니다. 팔 길이로 꼬리실을 재는 방법, 실 굵기별로 코당 필요한 실의 양을 정리한 표, 심지어 π(파이)를 이용한 공식까지 다양한 요령을 보았습니다. (농담이 아닙니다!) 그러나 그런 복잡한 방법은 번거롭게 느껴집니다. 그래서 단순하지만 정확한 방법을 알려드리겠습니다.

1. 우선, 실 마무리용 꼬리(15~20cm)를 남기고, 실을 뜨개바늘에 10번 감습니다.

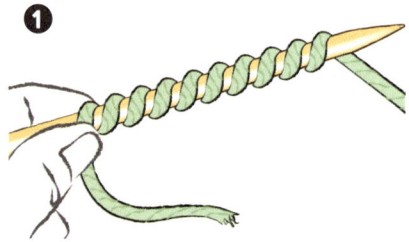

2. 마지막으로 감은 지점부터 그 꼬리실을 엄지에 걸고, 10코를 잡아 길이를 시험합니다.

3. 마지막으로 잡은 코 밑부분을 손가락으로 집은 채, 첫 번째 코 하나만 남기고 나머지 9코를 바늘에서 뺍니다. 남은 한 코는 손가락으로 잡고 있습니다.

4. 양손을 벌려 10코를 풀어줍니다. 손 사이에 펼쳐진 실이 10코를 잡는 데 사용된 길이입니다.

5. 이제 그 길이를 기준으로 전체 필요한 콧수에 적용합니다. 자나 계산기를 꺼낼 것도 없이, 필요한 길이만큼 접어서 재면 됩니다.

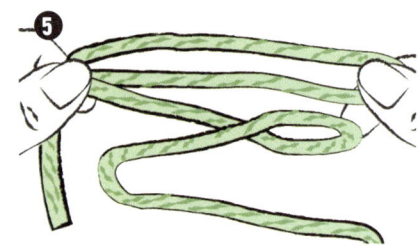

수정 #2:
못생긴 매듭과는 작별 인사를

저를 믿고 이제부터 시작 매듭은 사용하지 마세요. 물론 알고 있습니다. 늘 뜨개의 시작은 시작 매듭으로 출발한다는 것을요. 하지만 왜 그래야 할까요? 첫 코를 다른 코들과 동일한 모양으로 만들고 싶다면, 매듭을 생략하고 다른 코를 만들 때와 같은 방식으로 첫 코를 만드세요. 이전 단계에서 이미 코잡기에 필요한 꼬리실 길이를 재어 두었으니, 이제 보기 싫은 매듭 없이 코를 잡아 보겠습니다.

1. 미리 잰 꼬리실을 바늘 위로 걸쳐 놓고, 꼬리 부분이 앞쪽으로 오도록 둡니다. 바늘을 잡고 있는 손의 검지를 꼬리실 위에 얹어 바늘에 고정합니다. 이것이 첫 번째로 잡히는 코가 됩니다.

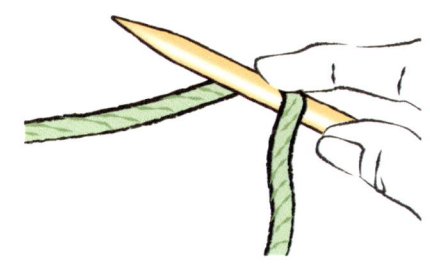

2. 다른 손을 사용하여 꼬리실과 작업실 사이에 엄지와 검지를 넣고, 평소처럼 코를 하나 잡습니다. 이때 코를 잡는 동작이 바늘 위에 걸린 꼬리실에 꼬임을 만들어 줍니다. 그것이 바로 첫 번째 코입니다. 그게 전부예요!

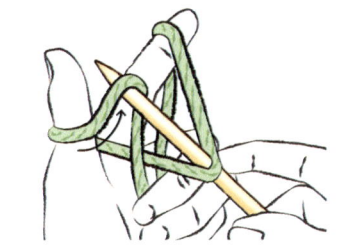

수정 #3:
실의 꼬임이 풀리는 것을 막는다

롱테일 캐스트 온을 하다 보면, 바늘에서 엄지로 이어지는 꼬리실이 점점 꼬임이 풀리는 것을 발견할 수 있습니다. 이 현상은 성가실 뿐 아니라 편물에도 위험할 수 있습니다. 실이 여러 가닥으로 갈라지면 코잡기의 기초 사슬이 약해지고, 실이 걸리거나 닳아 해질 위험이 생깁니다.

늘 그랬듯 '무엇을' '왜' '어떻게' 고칠 것인지를 설명하겠습니다.

우선 '무엇을'부터입니다. 롱 테일 캐스트 온이 사랑받는 이유는 단순히 뜨개 코를 늘어놓은 것이 아니라 실제로도 뜨개 단이 한 줄 생기기 때문입니다. 1장에서도 살펴본 것처럼, 겉뜨기는 (작업실로 만든) 고리를 다른 고리(바늘 위의 기존 코)에서 빼내어 이루어집니다. 그러나 롱 테일 캐스트 온을 시작할 때는 바늘 위에 기존의 코가 없습니다. 먼저 하나의 코를 만들어야만 작업실을 끌어당겨 빼낼 수 있습니다. 이 과정을 좀 더 자세히 살펴봅시다.

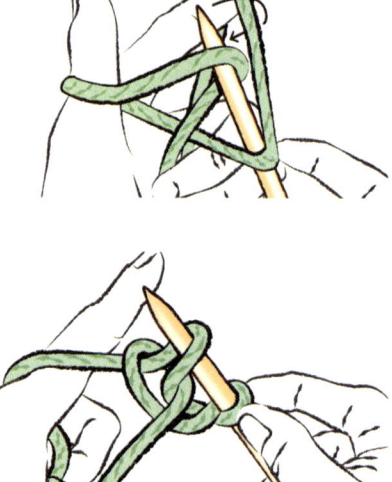

코를 잡을 준비가 되면 왼손에는 실을, 오른손에는 바늘을 쥡니다. 실타래에서 나온 작업실은 집게손가락에 걸려 있으며, 이것을 '검지실'이라고 하겠습니다. 꼬리실은 엄지에 걸려 있으므로, 이것은 '엄지실'이라고 부르겠습니다.

코를 잡을 때 바늘은 엄지실의 바깥쪽에서 안쪽으로 들어가 엄지 고리의 중앙을 통과합니다. 이때 엄지를 왼쪽 바늘이라고 상상해 보세요. 오른손의 바늘로 검지실을 걸어 엄지 고리 안으로 통과시켜 새로운 고리를 만들어 당기면, 이는 바로 새 코를 뜨는 과정과 같습니다.

늘 긍정적인 저희 어머니 말처럼, "문제는 단 하나뿐"입니다. 바늘을 앞으로 움직여 엄지 고리를 만들 때마다, 엄지 안쪽의 실 꼬임이 풀려 버립니다. 이 꼬임이 계속 풀리면 실이 점점 풀려 버릴 수 있습니다.

다행히 해결책이 있습니다! 코잡기의 시작 단계로 돌아가 봅시다.

1. 코잡기에 사용할 만큼 충분히 긴 꼬리실을 잰 뒤, 그 꼬리실로 나비 모양 실타래를 만듭니다. 꼬리실을 손바닥과 새끼손가락 사이에 끼운 채, 중지와 검지를 이용해 실을 '8자' 모양으로 감아 줍니다.

2. 실의 대부분을 감았으면, 손가락에서 나비 모양 실타래를 빼냅니다. 그다음 꼬리실로 고리를 만들어 나비 위에 걸치고, 꼬리실을 당겨 단단히 고정합니다. 같은 동작을 두 번 더 반복하여 고리를 나비 위에 단단히 묶습니다.

3. 코를 잡는 동안 엄지 쪽의 실 꼬임이 풀리기 시작하면, 엄지에서 나비 모양 실타래를 내려놓습니다. 그 무게가 실을 자연스럽게 돌려 원래의 꼬임으로 되돌려 줄 것입니다.

수정 #4:
'슬픈 입꼬리' 코잡기는 이제 안녕

우리 모두 한 번쯤은 그런 경험이 있습니다. 느슨하게 코를 잡으려고 무척 애쓰지만, 두 개의 바늘을 겹쳐 잡아 코를 만들어 봐도 결국 너무 꽉 조여진, 슬픈 입꼬리 모양의 코잡기가 되어 버립니다.

이것이 바로 그 전형적인 '슬픈 입꼬리'로, 전통적인 코잡기 방식의 예입니다.

두 단계 더 굵은 바늘로 코를 잡아도 코 간격이 넓어지지 않습니다.

너무 조이지 않으려고 노력했습니다. 심지어 두 단계 더 굵은 바늘로 코를 잡아 보기도 했지만, 그 결과는 더 신축성 있는 코잡기가 아니라 단지 첫 단이 더 높아진 것뿐이었습니다. 스와치의 안쪽 면을 보면, 더 높아진 코잡기 단이 분명하게 보입니다.

더 굵은 바늘을 사용하면 첫 단이 더 높아집니다.

"하지만 모두가 그 방법이 효과 있다고 말하잖아요?"라는 외침이 들려오는 듯합니다. 저도 모릅니다, 친구여. 저도 모릅니다. 하지만 제가 아는 것은, 왜 그 방법이 효과가 없는지와 그 해결 방법입니다. 롱테일 캐스트 온의 구조를 다시 한번 살펴봅시다.

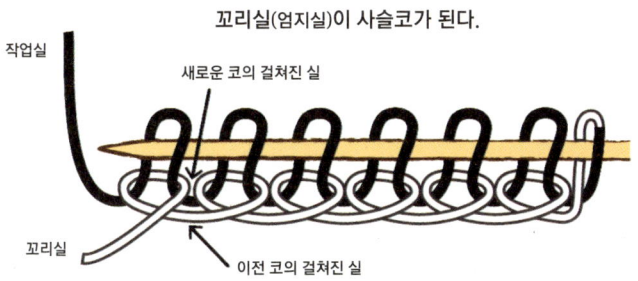

더 굵은 바늘로 코를 잡으면, 바늘 위에 걸린 큰 고리가 코들 사이의 연결도 여유롭게 만들어 주어 코가 넓게 퍼질 것이라고 생각할 수 있습니다. 하지만 문제는 바늘 위의 고리 그 자체가 아니라, 그 고리들이 바늘 아래쪽의 사슬에 의해 서로 묶여 있다는 점입니다.

꼬리실(엄지실)은 코잡기의 밑부분에 사슬을 만듭니다. 이 사슬은 바늘이 엄지실의 바깥쪽으로 움직일 때 형성되는 고리들로 이루어지며, 마치 이 사슬이 기초 단의 역할을 하여 그 위로 검지실로 코를 뜨는 것과 같습니다.

손가락에 걸려 있는 실타래의 실이 실제로 뜨개에 사용되는 작업실입니다. 이게 바늘에 걸려 뜨개코가 되고, 뜨개코 사이를 건너는 걸쳐진 실이 됩니다. 즉, 이것이 뜨개의 첫 번째 단에 해당합니다. 기초 단(바늘 밑의 사슬)과 첫 단이 동시에 만들어진다는 사실이, 코잡기가 너무 빡빡해지는 원인이 됩니다. 결국 핵심은 코와 코 사이의 간격, 즉 걸쳐진 실이 원인입니다.

코를 바늘 위에 서로 바짝 붙여 잡아 나가면, 마치 코들을 옆모습으로 일렬로 세워놓은 것과 같습니다. 더 나쁜 점은, 이 코들이 기초 사슬에 의해 밑부분에서 단단히 묶여 있다는 것입니다.

이전에 살펴본 '위가 무거운 겉뜨기 코'의 구조를 기억해 보십시오. 바늘에서 코를 빼 평평해지면, 코들이 펼쳐질 공간이 없게 되고, 그 결과가 바로 '슬픈 입꼬리' 모양의 코잡기입니다.

라스베이거스 댄서들이 큼직한 머리 장식을 쓴 채 옆모습으로 일렬로 서 있고, 발목이 서로 묶인 상태에서 정면으로 몸을 돌리려 한다고 상상해 보세요. 아무리 봐도 멋지다고는 할 수 없겠지요.

뜨개코 사이에는 공간이 필요합니다. 한 코를 만든 후, 손가락 끝을 바늘 위에 살짝 댄 채 공간을 확보하고 다음 코를 만듭니다. 이 동작을 반복하면 됩니다.

손가락을 이용해 간격을 유지한다.

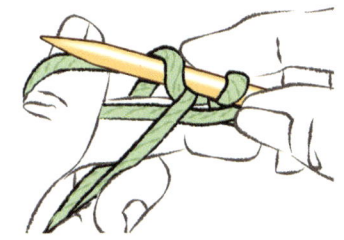

이 방법은 각 시작코 사이에 필요한 공간을 만들어 줍니다. 그래서 위가 무거운 그 작은 코들이 (바늘에 걸린) 옆모습 상태에서 정면을 향해 펼쳐질 때, 서로 어깨를 부딪치지 않고 펼칠 여유가 생깁니다. 오른쪽 그림의 첫 다섯 코와 그 다음 다섯 코의 차이를 살펴보세요. (처음 만든 다섯 코는 전통적인 방식으로 잡았고, 다음 다섯 코는 손가락 간격법으로 잡았습니다.)

손가락 간격을 둔 코잡기와
그렇지 않은 코잡기

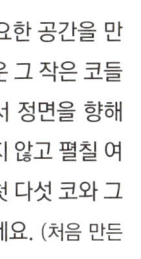

결과물이 모든 것을 말해줍니다.

6mm 바늘로 코를 잡음.
코 간격을 두지 않음.

5mm 바늘로 코를 잡음.
손가락으로 코 사이에 간격을 둠.

롱테일 캐스트 온의 새로운 단계로 나아가기

롱테일 캐스트 온을 그 본래의 모습, 즉 '하나의 뜨개 단'으로 인식하게 되면 전혀 새로운 가능성의 세계가 펼쳐집니다. 스스로 이런 의문이 들지도 모릅니다. "겉뜨기 방식으로 코를 잡을 수 있다면, 안뜨기로도 잡을 수 있지 않을까?"

물론 가능합니다!

코잡기의 시작 부분으로 돌아가 봅시다. 바늘에서 두 가닥의 실이 나오는 것을 볼 수 있습니다. 하나는 검지에 걸린 실이고, 다른 하나는 엄지에 걸린 실입니다. 우리는 이전에 바늘을 엄지실 쪽으로 넣고 검지실을 끌어내어 새 코를 만들 때, 그 과정에서 기초단이 형성된다는 걸 배웠습니다. 또한 검지실은 뒤쪽에, 엄지실은 앞쪽에 위치해 있다는 것도 보았습니다. 마찬가지로, 겉뜨기를 할 때는 실이 뒤에 있고, 안뜨기를 할 때는 실이 앞에 있습니다.

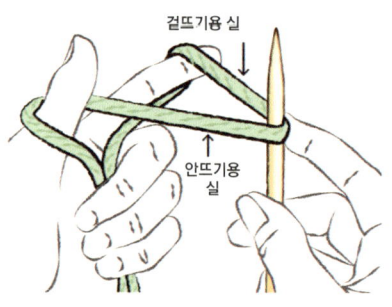

엄지실은 앞쪽에, 검지실은 뒤쪽에 둡니다.

겉뜨기용 실
안뜨기용 실

겉뜨기는 고리 안으로 또 다른 고리를 끌어당겨 만드는 것이고, 안뜨기는 고리 안으로 고리를 밀어 넣어 만드는 것입니다. 이 개념을 코잡기에 적용해 봅시다. 엄지실로 고리를 만들고, 검지실을 이용해 그 안으로 새 고리를 끌어당겨 넣으면 겉뜨기 코잡기가 됩니다. 그렇다면 검지실로 고리를 만들고, 엄지실을 이용해 그 안으로 새 고리를 밀어 넣으면 안뜨기 코잡기가 됩니다. 이제 이해되시죠?

자, 단계별로 살펴봅시다.
여러분도 함께 따라 해 보세요.

1. 겉뜨기의 경우, 바늘은 엄지실의 바깥쪽에서 엄지손가락에 걸린 실을 아래에서 위로 통과합니다. 안뜨기의 경우, 바늘을 검지실의 바깥쪽으로 이동시킨 뒤, 집게손가락에 걸린 실을 아래에서 위로, 내 쪽을 향해 통과합니다. 이 과정에서 당신의 손가락이 다른 한쪽의 뜨개바늘 역할을 하게 됩니다.

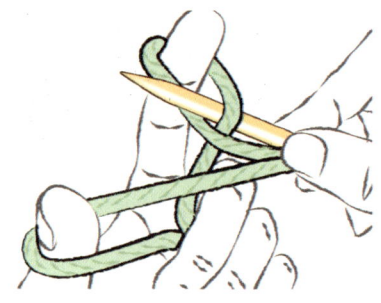

2. 바늘에서 벗겨질 것 같은 엄지실을 보면, 마치 안뜨기를 할 때 앞쪽으로 이동한 작업실 같습니다. 그 엄지손가락의 실을 안뜨기를 할 때처럼 바늘에 감아줍니다. 웨스턴식 뜨개를 하는 사람에게는, 바늘이 엄지실 아래로 들어가서 실이 바늘 위로 감기도록 하는 것을 의미합니다. 반면, 이스턴식 또는 콤비네이션식의 경우, 바늘이 엄지실 위로 지나가서 실이 바늘 아래로 감기도록 합니다. (맞아요, 이스턴식 뜨개를 하시는 분들은 겉뜨기로 코를 잡을 때는 바늘을 손가락 실 아래로 넣어 실이 바늘 위로 감기게 해야 합니다.)

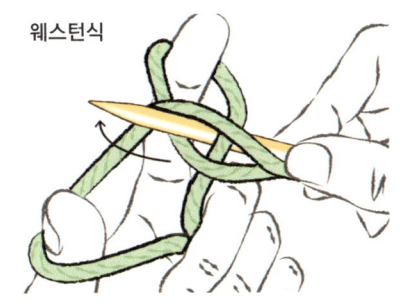

웨스턴식

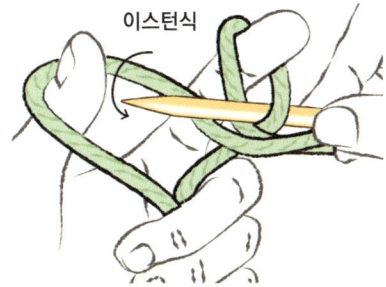

이스턴식

3. 안뜨기란 무엇일까요? 한 고리를 다른 고리 속으로 밀어 넣는 것입니다. 따라서 바늘을 집게손가락의 고리 안으로 밀어 넣은 다음, 집게손가락을 빼서 코를 단단히 조여줍니다.

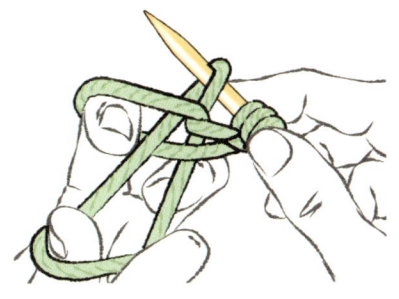

겉뜨기든 안뜨기든 코 잡는 법을 익히게 되면, 새로운 세계가 펼쳐집니다! 예를 들어 2×2 고무단(겉뜨기 2코, 안뜨기 2코 반복)을 뜨는 경우, 코를 잡을 때도 같은 고무단 무늬로 시작할 수 있습니다. 즉, 겉뜨기 방향으로 2코를 잡고, 안뜨기 방향으로 2코를 잡는 식으로 반복하는 것입니다. 이렇게 하면 첫 줄이 어색하게 보이는 문제를 없앨 수 있습니다. 도안의 첫 단을 따라 무늬에 맞게 코를 잡고, 2단부터 뜨기 시작하면 됩니다. 이 요령은 평면뜨기든 원형뜨기든 모두 적용됩니다.

> 앗, 코잡기 도중에 코를 놓쳤어요!

정성껏 400코를 잡아놓고 첫 단을 뜨다가 그중 한 코를 빠뜨렸을 때처럼 몽땅 불태워 버리고 싶은 순간도 없죠. 하지만 걱정하지 마세요. 해결책이 있습니다.

이 책에서는 편물의 수정법에 대해서 본격적으로 다루진 않지만(그건 다음 책이 될지도 모르겠네요!), 이 부분만큼은 꼭 소개하고 싶었습니다. 우리는 이미 코잡기의 구조와 엄지실, 검지실이 각각 어떤 역할을 하는지 배웠으니, 이 주제를 다루기에 아주 좋은 시점이랍니다.

코잡기 문제를 고치는 법을 살펴보기 전에, 아직 풀리지 않고 남아 있는 '떨어진 겉뜨기 코'를 주워 올리는 과정을 잠시 생각해 봅시다.

1. 겉뜨기 면이 우리 쪽을 향하도록 놓고, 떨어트린 코의 앞쪽에서 뒤쪽을 향해 왼쪽 바늘을 넣어 코를 바늘에 걸어줍니다. 다음으로, 왼쪽 바늘을 사다리 모양으로 걸쳐진 실(작업실) 아래로 통과시켜, 왼쪽 바늘 끝에 걸치도록 합니다.

2. 그다음 오른쪽 바늘을 사용해 그 고리의 앞쪽 다리를 잡아, 떨어진 코를 사다리 위로 들어 올립니다. 짠! 떨어진 코가 복구되었습니다.

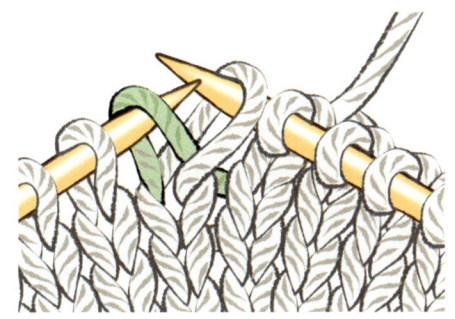

빠뜨린 코는 코바늘을 사용해서도 복구할 수 있습니다. 두 개의 걸쳐진 실 사이에 코바늘을 아래쪽을 향해 통과시킵니다. 코바늘을 반시계방향으로 회전해서 앞쪽의 걸쳐진 실을 비틀고, 뒤쪽의 걸쳐진 실을 코바늘에 걸린 고리 안으로 끌어당깁니다. 마지막으로, 주운 코를 코바늘에서 뜨개바늘로 되돌려놓습니다.

하지만 코바늘로 빠뜨린 코를 고치는 일은 다소 까다로울 수 있습니다. 앞에서 본 것처럼, 코가 한 단만 빠졌을 때는 굳이 코바늘을 사용할 필요가 없습니다. 대바늘만으로도 코를 다시 주워 올릴 수 있습니다. 이제 시작코를 떨어트린 경우도 마찬가지로 뜨개바늘로 복구해 봅시다.

시작코를 빠뜨렸을 때의 상태입니다. 일반적인 코가 빠졌을 때와는 달리, 무시무시하게 느껴지는 실 두 가닥이 보입니다. 하지만 놀라지 마세요.

롱테일 방식으로 코를 잡을 때, 우리는 실제로 첫 단을 뜨고 있다는 것을 알고 있습니다. 또한, 떨어진 코를 주워 올릴 때는 겉뜨기 쪽에서 하는 것이 가장 쉽다는 것도 알고 있습니다. 따라서 평면뜨기를 하고 있다면, 편물을 뒤집어 떨어트린 코를 주워야 좋다는 것을 알 수 있습니다. 반면, 원형뜨기를 하고 있다면 시작코를 만든 후에 편물을 뒤집지 않았으니 그대로 진행하면 됩니다.

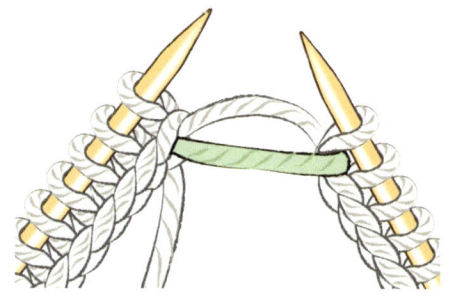

실의 가닥들을 잘 살펴보세요. 우리 쪽에 가까운 가닥이 뒤쪽에 있는 가닥보다 약간 더 낮고 짧다는 것을 알 수 있습니다. 이 앞쪽의 가닥이 코잡기를 할 때 꼬아 만든 엄지실입니다. 뒤쪽에 있는 가닥은 집게손가락에 걸려 있던 실이지요.

롱테일 방식으로 코를 잡을 때를 다시 떠올려 보세요. 늘림코(M1)를 만드는 방법과 비슷하게, 한 가닥의 실을 꼬아서 다른 가닥을 그 안으로 통과시켰습니다. 여기서도 그와 비슷한 과정을 하게 됩니다.

1. 왼쪽 바늘 끝을 아래에서 위로, 두 가닥의 실 사이로 넣어 앞쪽 가닥을 바늘 위로 들어 올립니다. 이때 앞쪽 실의 '오른 다리(오른쪽 바늘에 가까운 다리)'가 뒤쪽에 가도록 바늘에 얹습니다. 이게 바로 떨어트린 코입니다.

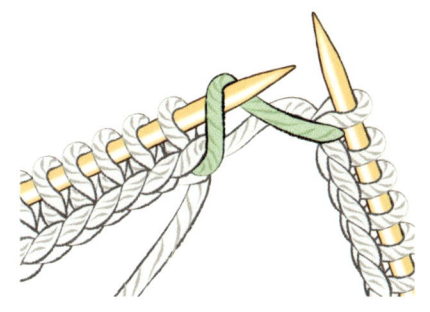

2. 왼쪽 바늘 끝을 뒤쪽 가닥 아래로 넣어, 그 가닥이 바늘 끝에 걸치도록 합니다. 이렇게 하면 숫자 8 모양이 나타나며, 이것이 바로 작업 실입니다.

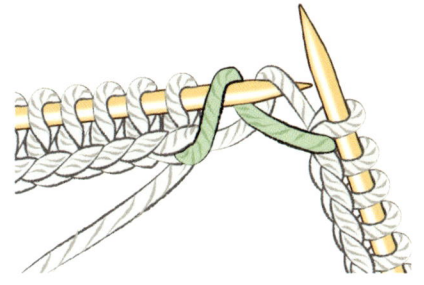

3. 오른쪽 바늘 끝으로 앞쪽 고리(왼 다리)를 들어 올려, 뒤쪽의 실에 뒤집어씌웁니다.

이제 어떻게 됐는지 보이시나요? 바늘 끝에서 가장 먼 쪽의 뒤쪽 다리를 잡음으로써 실에 꼬임을 주어 고리를 만들었고, 그 고리를 다른 가닥 위로 들어 올려 그 안으로 코를 통과시켰습니다. 짠, 완성입니다!

이제 주워 올린 시작코를 올바른 바늘에 다시 걸어주세요. 평면뜨기를 하고 있다면, 편물을 원래대로 뒤집고 나서, 단을 계속 이어가면 됩니다.

케이블 캐스트 온 (Cable Cast-On)

제가 '무인도에 가져갈 두 번째 코잡기'를 꼽는다면, 그것은 케이블 캐스트 온입니다. 이 방법은 탄탄하고 아름다운 꼬임 모양의 가장자리를 만들어 주어 모양이 잘 유지됩니다(202쪽 참고). 하지만 이 케이블 캐스트 온에는 손봐야 할, 그리 아름답지 않은 두 가지 부분이 있습니다. 바로 '시작하는 방식'과 '마무리하는 방식'입니다.

케이블 캐스트 온은 첫 2코 사이에 바늘을 넣어 다음 코를 만들기 때문에, 미리 2코를 만들어둬야 합니다. 일반적으로는 바늘에 매듭코(slip knot)를 만든 뒤, 매듭코에 겉뜨기하듯 바늘을 넣고 실을 걸어 빼낸 다음, 그 고리를 왼쪽 바늘에 겉뜨기 방향으로 옮깁니다. 이때 왼쪽 바늘 끝을 그 고리의 아래쪽으로 넣어 끼웁니다. 즉, '니티드 캐스트 온(knitted cast-on, 뜨면서 만드는 시작코)'의 방법으로 두 코를 만듭니다.

왼쪽 바늘에 두 코가 걸린 후에는, 케이블 캐스트온으로 계속 진행하며 두 코 사이에서 새로운 고리를 끌어올릴 수 있습니다. 하지만 이렇게 하면 보기 좋지 않은 매듭과 작은 구멍이 생깁니다.

이를 해결하는 방법은 두 가지가 있습니다.

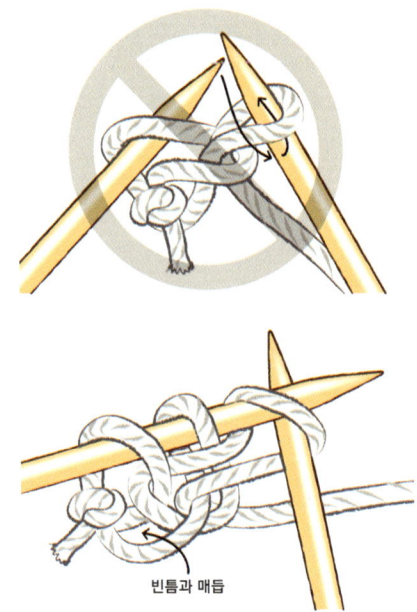

빈틈과 매듭

수정 #1:

코잡기를 위해 줄바늘 또는 양끝 막대바늘을 준비하세요. 필요한 콧수에 두 코를 더해 잡습니다. 코잡기가 끝나면, 만든 코를 바늘의 반대쪽 끝으로 밀어서 매듭코와 첫 번째 코잡기 코를 함께 빼낸 뒤 풀어줍니다.

그 결과 아주 괜찮은 상태가 되지만, 아직 완벽하진 않습니다. 코잡기 밑부분에 약간 길게 늘어진 고리가 보이시나요? 그 고리는 방금 풀어낸 코를 감고 있던 실이었습니다.

여분의 코를 푼 이후의 케이블 캐스트 온

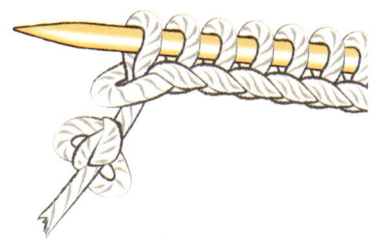

실 꼬리를 살짝 잡아당겨 그 고리를 조이면 매우 깔끔한 아랫단을 만들 수 있습니다. 그러나 너무 꽉 조이면 되돌리기가 어려우니 조심하세요.

케이블 캐스트 온의 시작 부분이 다듬어진 상태

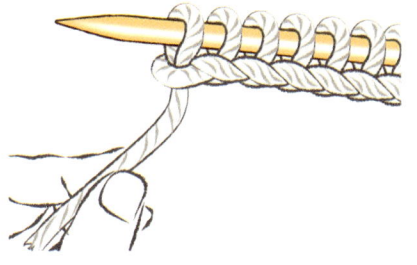

수정 #2:

하지만 패턴에 맞춰서 코를 잡을 때는, 롱 테일 캐스트 온처럼 꼬리실을 바늘 위에 걸고 1코를 잡고 시작하는 것이 좋다고 봅니다. 케이블 캐스트 온을 시작하려면 바늘을 오른손에서 왼손으로 바꿔 잡아야 하므로, 예쁜 아랫단의 비결은 롱테일 캐스트 온으로 잡는 첫 코와 케이블 캐스트 온으로 잡는 코의 종류를 맞추는 것입니다.

즉, 케이블 캐스트 온으로 겉뜨기 코를 잡을 예정이라면, 먼저 롱 테일 캐스트 온으로 안뜨기 1코를 잡고, 편물을 뒤집은 후 케이블 캐스트 온으로 겉뜨기 코를 잡기 시작합니다. 반대로 안뜨기용 코를 케이블 캐스트 온으로 잡을 경우, 롱 테일 캐스트 온으로 겉뜨기 1코를 잡고, 편물을 뒤집은 후 케이블 캐스트온으로 안뜨기 코를 잡기 시작합니다.

맨 처음에 롱 테일 캐스트 온을 사용한다.

보셨죠? 거슬리던 매듭과 구멍이 사라졌습니다.

매듭코로 시작한 케이블 캐스트 온

매듭코 없이 시작한 케이블 캐스트 온

네, 안뜨기입니다!

이제 완벽한 시작을 했으니, 완벽한 마무리도 필요합니다. 하지만 마지막 마법 같은 기법을 보여 드리기 전에, 안뜨기에 대해 살펴보겠습니다. 겉뜨기 대신 안뜨기로 코를 잡는 것은 놀라울 만큼 직관적입니다. 방법은 다음과 같습니다.

1. 케이블 캐스트 온을 준비하기 위해 첫 코를 만듭니다. (이번에는 안뜨기 케이블 캐스트 온을 할 것이므로, 첫 코는 롱 테일 캐스트 온 방식으로 겉뜨기 코를 잡습니다.) 편물을 돌린 뒤, 바늘을 뒤에서 앞으로 넣고, 실을 앞에 둔 상태에서 안뜨기 하듯이 실을 감습니다.

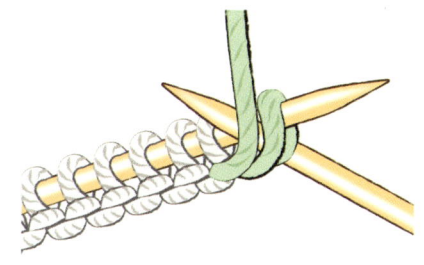

2. 다른 안뜨기 코를 뜨듯이 고리를 밀어 넣고, 그 고리를 왼쪽 바늘에 겉뜨기 방향으로 걸어 줍니다. (왼쪽 바늘 끝을 그 고리의 아래쪽으로 넣어 끼웁니다.)

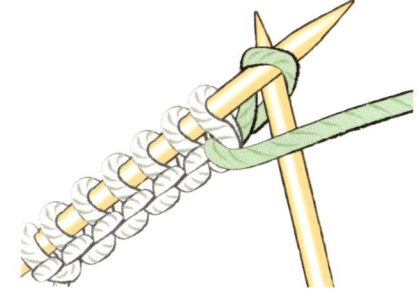

이 방법은 매우 안정적인 안뜨기 단을 만들어 줍니다. 가터뜨기를 시작할 때는 이게 최고의 방법이라고 봅니다. 물론 겉뜨기와 안뜨기를 교대로 만들어서 고무뜨기에 맞춘 시작코도 만들 수 있습니다. 이렇게 하면 단단한 고무단이 생겨, 모자나 양말처럼 많이 늘어나야 하는 경우보다는 스웨터 밑단처럼 탄탄한 마감이 필요한 경우에 더 적합합니다. 저 둥글고 예쁜 가장자리 보이시나요? 거의 튜블러 캐스트 온(tubular cast-on)처럼 보이지만 번거로움은 훨씬 적습니다.

안뜨기 케이블 캐스트 온으로 가터뜨기를 한 경우

고무뜨기 패턴에 맞춘 케이블 캐스트 온

케이블 캐스트 온은
모서리를 둥글게 만듭니다.

둥근 모서리를 깔끔하게: 네모반듯하게 만들기

케이블 캐스트 온을 매우 좋아하지만, 그 마무리 방식만큼은 마음에 들지 않습니다. 마지막 코가 그 바로 앞의 코에 겹칠 뿐만 아니라, 모서리가 둥글게 마무리되기 때문입니다. 이런 가장자리는 머플러를 덜 예쁘게 만들고, 스웨터의 몸판을 맞춰 꿰맬 때는 상당한 문제를 일으킵니다.

언제나 그렇듯, 문제를 해결하기 위해서는 먼저 그 원인을 알아야 합니다. 케이블 캐스트 온에서는 새로 만든 고리 하나하나가, 바로 앞의 코의 바닥이자 동시에 새로운 코가 됩니다. 그런데 마지막 코는 그 바닥이 없습니다. 말 그대로 공중에 떠 있는, 기댈 곳 없는 외로운 코인 셈입니다.

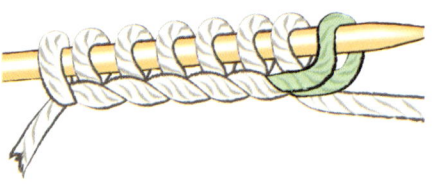

이 문제를 해결하기 위해 한 코를 더 잡은 뒤 K2tog(왼코 겹치기)를 하는 방법도 본 적이 있습니다. 그러나 이는 한 문제를 다른 문제로 바꾸는 것뿐입니다. 이렇게 하면 줄임 부분이 두툼해지고, 첫 코가 안뜨기일 경우 보기에도 좋지 않습니다. 그래서 제가 생각해낸 깔끔한 마무리 방법은, 그 코를 완성하는 것입니다!

걸뜨기 시작코의 경우

1. 오른쪽 바늘로 고리를 끌어낸 후 왼쪽 바늘에 옮기기 전에, 실을 두 바늘 사이로 옮기고 오른쪽 바늘 뒤쪽으로 옮겨, 바늘비우기(YO)처럼 만듭니다.

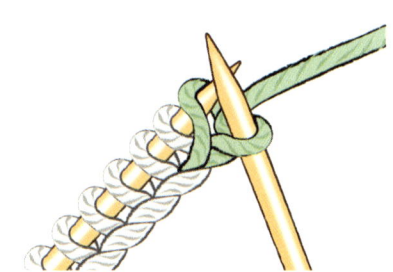

2. 왼쪽 바늘 끝을 오른쪽 바늘의 고리에 넣은 다음, 그 고리를 들어 올려 위에서 만든 바늘비우기 위로 넘깁니다. 이제 오른쪽 바늘에는 한 코가 남게 됩니다.

3. 그 코를 겉뜨기 방향으로 왼쪽 바늘로 옮깁니다.

이제 마지막 코도 더 이상
공중에 떠 있지 않습니다.
단단한 바닥을 가지게 되었네요!

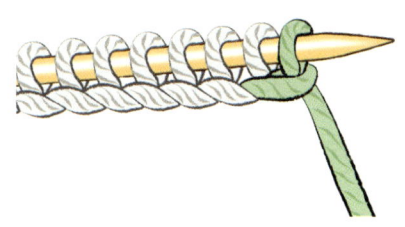

안뜨기 시작코의 경우

1. 오른쪽 바늘에 고리를 밀어 넣은 후 왼쪽 바늘에 옮기기 전에, 실을 두 바늘 사이로 옮기고 뒤에서 앞으로 오른쪽 바늘 위로 걸어, 반대 방향의 바늘비우기(backward YO)처럼 만듭니다.

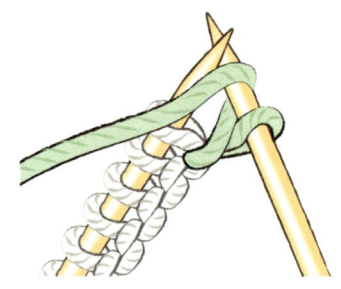

2. 왼쪽 바늘 끝을 오른쪽 바늘의 고리에 넣고, 실은 계속 앞에 둔 채로 그 고리를 들어 올려 위에서 만든 바늘비우기 위로 넘깁니다. 이제 오른쪽 바늘에 한 코가 남게 됩니다.

3. 그 코를 안뜨기 방향으로 왼쪽 바늘로 옮깁니다.

들어 올려 넘겼던 그 코가, 새로 만들어진 마지막 코의 밑부분을 감싸는 안뜨기의 볼록한 부분이 된 것을 보세요. 완벽하죠!

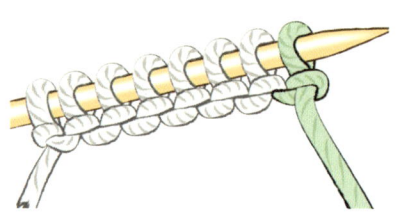

이제 가까이서 봐도 손색이 없는 케이블 캐스트 온이 완성되었습니다.
한쪽 끝에 보기 싫은 매듭도 없고,
완벽하게 네모반듯한 두 모서리만 남았습니다.

슬픈 모서리…

… 기쁜 모서리!

왜 '100'까지 셀 수 없는 걸까?

모든 뜨개인이 아는 재미있는 게임이 있습니다. 100코를 잡고, 한 번 더 확인하려고 다시 세어 보세요. 음? … 99코. 또 세어 봅니다. 어?! 이번엔 101코? 친구에게 건네서 세어 달라고 하면, 이번엔 98코랍니다. 마치 코들이 자기 마음대로 늘어나고 합쳐지는 세포처럼 느껴집니다.

코를 잡는 도중에 방해를 받는 것만큼 괴로운 일도 없습니다. 여기 제가 가장 좋아하는, 코를 잡으면서도 쉽게 콧수를 확인할 수 있는 요령이 있습니다. 이 방법은 어떤 코잡기 방식과도 함께 사용할 수 있으며, 중간에 멈춰서 잠금형 마커들을 덧대거나, 더 나쁜 경우, 빼내야 할 필요도 없습니다. 필요한 것은 단 하나, 미끄럽지 않은 면사 한 가닥과 10까지 셀 줄 아는 능력**뿐**입니다.

1. 어떤 방법이든 상관없지만, 우선 10코를 만듭니다. 여기서 별도의 실이 나올 차례입니다. 작업 중인 바늘 아래쪽, 그리고 잡아놓은 코 앞쪽에 별도의 실을 놓습니다. 별도의 실 꼬리를 앞쪽으로 조금 빼고, 나머지를 뒤쪽에 둡니다.

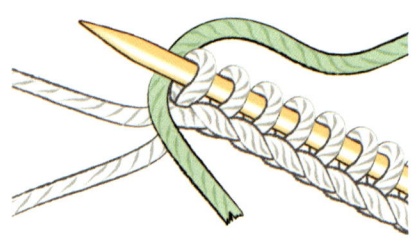

2. 여기서 10코를 더 잡은 다음, 별도의 실의 긴 쪽을 바늘 끝의 앞쪽으로 옮깁니다. 이때는 항상 바늘 끝 아래로 별도의 실을 넘겨야 합니다.

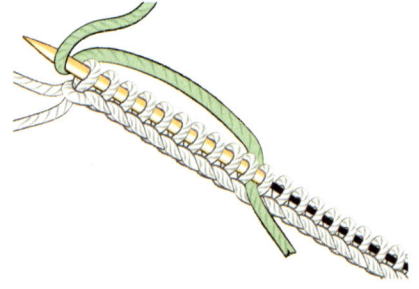

3. 또 다음 10코를 만들고, 이번에는 별도의 실을 앞쪽에서 뒤쪽으로 옮깁니다.

별도의 실을 10코마다 앞뒤로 번갈아 가며 옮깁니다. 그렇게 하면 중간에 방해를 받더라도, 예를 들어 별도의 실을 지난 후에 두 코가 더 잡혀 있다면, 10코 구간이 몇 개 있는지만 세고 거기에 2를 더하면 됩니다!

가장 좋은 점은, 작업이 모두 끝난 후 실 마커를 한 번 쭉 당기기만 하면 된다는 것입니다. 10개나 20개의 잠금 마커를 하나씩 빼는 번거로움이 전혀 없습니다.

이제 완벽하게 코를 잡았으니, 본격적으로 시작할 시간입니다!

Words of Wisdom

—

─── WHEN WE ───
MEMORIZE,
WE CAN
FORGET
─── WHEN WE ───
UNDERSTAND,
WE
NEVER **FORGET**

외운 것은 잊어버릴 수 있지만, 이해하면 절대 잊지 않는다.

CHAPTER 5 — 코늘림과 코줄임

이길 때도 있고, 질 때도 있다

피카소가 말했습니다. "전문가처럼 규칙을 배워라. 그러면, 예술가처럼 그것을 깨뜨릴 수 있다." 물론 그는 매우 뛰어난 인물이었지만, "세상에는 두 종류의 여성만 있다. 여신과 발 매트."라고도 말하였으니, 여기서는 예술가에 관한 이야기만 집중합시다.

코가 어떻게 구성되는지(실을 감는 방향)와 그것을 꼬거나 꼬지 않는 방법(바늘을 넣는 위치)을 이해하는 것이 중요한 이유 중 하나는, 이 두 요소를 우리가 조절할 수 있기 때문입니다. 이것을 알게 되면, 코늘림과 코줄임을 더 새롭고 개선된 방식으로 할 수 있습니다.

이 장에서는 웨스턴식을 사용하여, 코의 오른 다리가 바늘의 앞쪽에 위치하도록 할 것입니다. 그러나 코가 바늘에 어떻게 걸려 있든, 그 구조를 이해하고 있으면 코를 더 나은 형태로 만들 수 있습니다.

아름다운 코줄임

규칙이 적힌 책을 내던지고, 더 아름다운 코줄임 방법을 찾아봅시다. 그러나 규칙을 깨기 전에, 먼저 그것들을 이해해야 합니다. 자, 시작하겠습니다!

코줄임의 2대 법칙에 대해 알아봅시다.

규칙 #1:

바늘을 먼저 넣은 쪽의 코가 위에 겹친다.

왼코 겹치기(K2tog)가 그 완벽한 예입니다. 이 방법은 오른쪽으로 기울어지는 한 코 줄임으로, 바늘을 두 번째 코에 먼저 넣고 그다음 첫 번째 코에 넣어 만듭니다. 이렇게 하면 두 번째 코가 첫 번째 코 위에 놓이게 되어, 줄임이 오른쪽으로 기울게 됩니다.

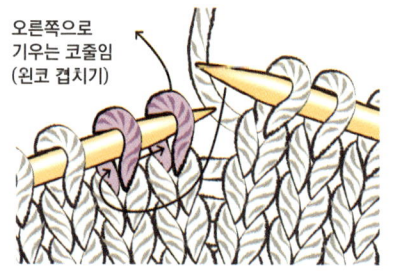

오른쪽으로 기우는 코줄임 (왼코 겹치기)

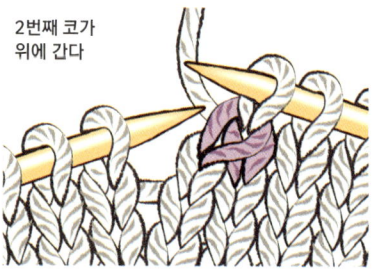

2번째 코가 위에 간다

왼쪽으로 기울어지는 코줄임을 만들기 위해 단순히 코를 잡는 순서만 바꿔, 첫 번째 코에 바늘을 넣고 두 번째 코에 넣으면 첫 번째 코가 두 번째 코 위에 올라가서 왼쪽으로 기울어질 것이라고 생각하기 쉽습니다. 그렇다면 왜 SSK(slip, slip, knit)라는 추가 단계, 즉 첫 코를 겉뜨기하듯이 넘기고, 다음 코도 겉뜨기하듯이 넘긴 뒤, 왼쪽 바늘 끝으로 넘긴 코 두 개의 앞고리를 잡아 함께 뜨는 복잡한 순서를 익혀야 하는 걸까요.

여기서부터는 두 번째 규칙으로 이어집니다. 이 진리를 처음 발견한 훌륭한 뜨개인 마리나의 이름을 따서 저는 '마리나의 규칙'이라고 부르고 있어요.

규칙 #2:

바늘은 '구멍'에 똑바로 들어가야 한다.

만약 두 코에 그저 바늘을 넣기만 하면, 바늘이 코의 구멍(hole)에 들어가는 것이 아니라 뒷고리로 들어가서 코를 뒤로 돌려 뜨게 됩니다. 이로 인해 코가 꼬이게 됩니다. 영국에서 운전하는 미국 운전자를 떠올려 보십시오. 왼쪽에 있어야 할 것을 오른쪽으로 교차시키면 문제가 생기듯이, 바늘을 잘못 넣으면 역시 원치 않는 꼬임과 잘못된 방향이 생깁니다.

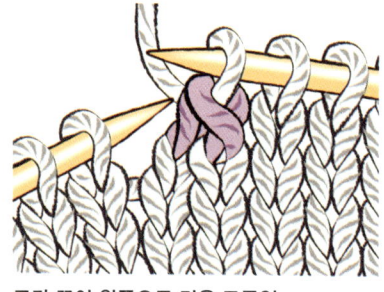

코가 꼬여 왼쪽으로 기운 코줄임

걸러뜨기: 나를 속일 수는 없지

코줄임에 대해 이야기하기 전에 반드시 이해해야 할 또 하나의 규칙이 있습니다. 바로 걸러뜨기를 언제, 왜 사용하는가 하는 점입니다. 모두의 이해를 위해 확실히 말하자면, 코를 '겉뜨기하듯' 혹은 '안뜨기하듯' 걸러뜨기를 한다는 것은 실의 위치와는 아무 상관이 없습니다. 그것은 오른쪽 바늘이 그 코 안으로 어떻게 들어가는가, 즉 코를 찌르는 방식에 관한 것입니다.

'안뜨기하듯' 걸러뜨기를 할 때는, 두 바늘 끝이 서로 마주 보듯 코를 찌르며, 그 코가 바늘 하나에서 다른 바늘로 옮겨질 뿐 코의 걸림 방향은 변하지 않습니다. 말하자면 코가 '바늘 모노레일'을 타고 이동하는 것과 같습니다.

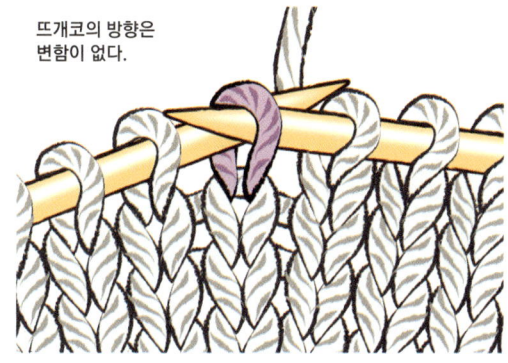

뜨개코의 방향은 변함이 없다.

반면 '겉뜨기하듯' 걸러뜨기를 할 때는, 두 바늘의 끝이 같은 방향을 향하고 있어, 코를 한 바늘에서 다른 바늘로 옮길 때 코의 걸림 방향이 바뀌게 됩니다.

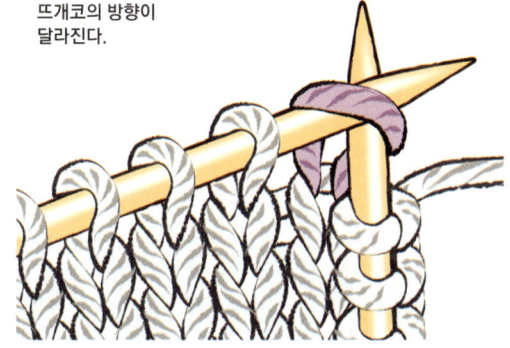

뜨개코의 방향이 달라진다.

SSK(오른코 겹치기)에서는 첫 두 코를 바늘에서 빼내어, 오른 다리가 뒤로 가도록 코의 방향을 바꾼 다음, 다시 바늘에 걸고 두 코를 함께 뜨는 것입니다. 이렇게 하면 규칙 1과 2가 모두 지켜진 셈이죠! 첫 번째 코를 통과해 들어가므로 그 코가 위에 오게 되고, 동시에 바늘은 정확히 코의 구멍을 통과하게 됩니다.

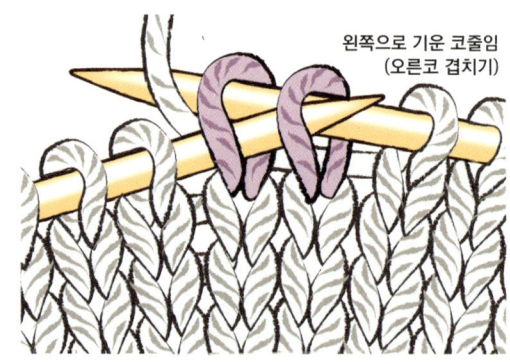

왼쪽으로 기운 코줄임
(오른코 겹치기)

그럼 우리는 언제 '겉뜨기하듯' 걸러뜨고, 언제 '안뜨기하듯' 걸러떠야 할까요? SSK 설명의 상당수는 단순히 "slip, slip, knit (걸러뜨고, 걸러뜨고, 겉뜨기한다)"라거나, "2코를 오른쪽 바늘로 옮기고, 2코를 모아뜬다"라고 적혀 있습니다. 즉, 코의 뜨개 순서마저도 간략화되어 적혀 있지요.

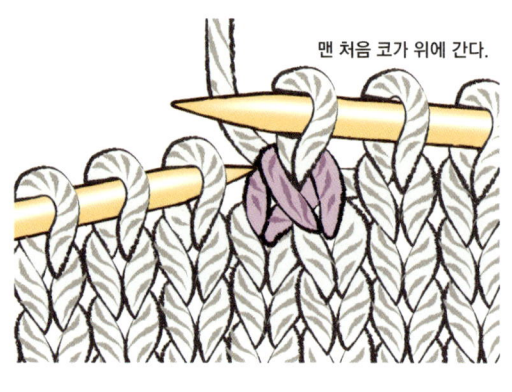

맨 처음 코가 위에 간다.

우리가 뜨개에서 어떤 동작을 하면서도 그 이유를 모를 때는, 골치 아픈 일이 생길 수 있습니다. 제가 처음으로 SSK에 대한 설명을 읽었을 때가 기억납니다. 한 코를 걸러뜨고, 다음 코도 걸러뜬 다음, 세 번째 코를 겉뜨기했습니다. 그러곤 생각했습니다. "이게 어떻게 코줄임이지?" 그래서 다른 설명을 찾아봤는데, 거기에는 "두 코를 함께 떠라"라고 되어 있었습니다. 그래서 저는 두 코를 안뜨기하듯 걸러뜨고 나서, 두 코를 함께 뜬 다음 이렇게 생각했죠. "좋아, 코줄임은 했는데… 그냥 별 이유 없이 코를 한쪽 바늘에서 다른 바늘로 옮긴 것 같은데?" 물론, 정말 그랬습니다.

이제 더 부끄러운 기억이 더 떠오르기 전에 우리가 알아야 할 것이 있습니다.

바로 걸러뜨기의 보편적 규칙입니다.

> ### 걸러뜨기의 보편적 규칙
>
> 걸러뜨기는 항상 '안뜨기하듯' 걸러뜬다. 단, 다음과 같은 예외가 있다.
>
> - 뜨개 도안에 별도의 지시가 있는 경우
> - 2코 이상의 코줄임에서 걸러뜨기를 할 경우

걸러뜨기 코를 나중에 다시 뜨는 경우든, 덮어씌우는 경우든, 핵심은 언제나 '오른 다리'에 있습니다.

SK2P(오른코 3코 모아뜨기)는 '1번째 코를 걸러뜨고, 다음의 2코를 모아뜨고, 걸러떴던 코를 뜬 코에 덮어씌운다'의 순서입니다. 왼쪽으로 기울어지는 2코 코줄임입니다. 만약 1번째 코를 '안뜨기하듯' 걸러떴다면, 오른쪽 바늘 끝에 가까운 코의 다리(왼 다리)가 바늘 뒤쪽에 있게 됩니다. 그래서 그 코를 덮어씌우려 할 때는 뒤쪽 다리를 잡게 되고, 코가 꼬이게 됩니다.

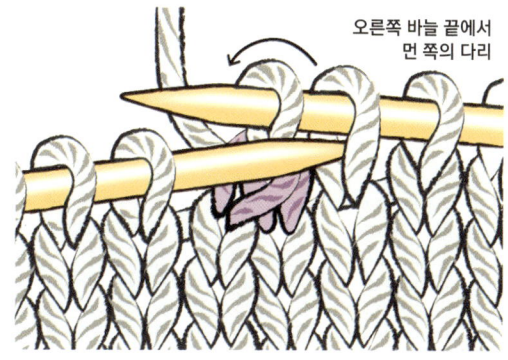

오른쪽 바늘 끝에서 먼 쪽의 다리

이제 코줄임을 자유롭게 다룰 거의 모든 도구를 갖추었습니다. 하지만 아직 퍼즐의 한 조각이 남아 있습니다. 바로 코들 사이의 연결 관계입니다. 그 부분을 살펴보기 위해 SSK부터 시작해 봅시다.

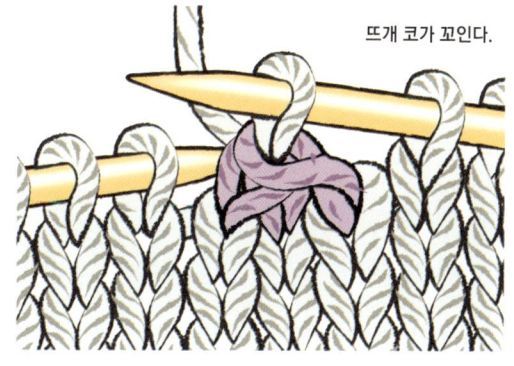

뜨개 코가 꼬인다.

SSK : 사랑하면서도 미워하게 되는 코줄임

과거에는 SKP, 즉 '한 코 걸러뜨고, 다음 코를 뜨고, 걸러뜬 코를 덮어씌우기'로 왼쪽으로 기운 코줄임을 만들었습니다. 그런데 천재적인 바바라 워커(Barbara Walker)가 고안한 SSK가 등장하자, 뜨개 세계는 환호했죠. 확실히 SSK는 SKP에 비해 큰 발전이었습니다.

하지만, 여전히 그것이 K2tog처럼 완벽히 대칭을 이루지 않는다는 사실은 저를 포함해 대부분의 뜨개인들을 미치게 만듭니다.

K2tog(왼코 겹치기)는 선명하고 질서 정연한 기울기를 만들어줍니다. 반면 SSK(오른코 겹치기)는 울퉁불퉁하고 뒤죽박죽한 지그재그 모양을 만듭니다. 꼭 지하철이 오기를 기다리며 선로 쪽으로 몸을 기울인 뉴요커들의 줄처럼 말이죠.

왼코 겹치기
(K2tog)

오른코 겹치기
(일반적인 SSK)

언제나 그렇듯이, 전통적인 코줄임이 왜 흐트러진 모양을 만드는지 그 이유를 살펴볼 필요가 있습니다. (기억하세요, '이유'를 알면 '방법'을 찾을 수 있습니다.) 이번에는 특히 시간을 더 들이겠습니다. SSK를 이해하면 다른 많은 코들도 개선할 수 있기 때문입니다.

SSK의 몇 가지 변형은 약간의 개선을 보여줍니다. 이런 작은 개선은 큰 발전의 첫걸음이 되므로, 살펴볼 가치가 있습니다. 그 변형들은 두 가지 익숙한 요소, 즉 '실을 어떻게 감는지'와 '바늘을 어디에 꽂는지'를 다루고 있습니다.

변형 #1:

이전 단에서 준비한다. (실을 어떻게 감는지)

이 변형에서는 이전 단에서 코를 준비해 두기 때문에, 코줄임을 할 때 코의 방향을 바꾸지 않아도 됩니다.

실을 감는 방향에 따라 바늘에 걸린 코의 방향이 정해진다는 것은 이미 설명했습니다. 그래서 코줄임 바로 전 단에서 SSK에 사용할 두 코를 이스턴식으로 안뜨기합니다(바늘 아래로 실을 감아서). 만약 원형으로 뜨고 있다면(매 단을 겉뜨기한다면), 그 코들을 이스턴식으로 겉뜨기해도 됩니다(바늘 위로 실을 감아서). 다음 단에서는 두 SSK 코의 '오른 다리'가 이미 바늘 뒤쪽에 준비되어 있으므로, 바늘 뒤쪽 고리를 통해 2코 모아뜨기를 하면 됩니다.

이처럼 이전 단에서 SSK를 미리 준비하는 것은 약간의 개선 효과를 줍니다. 이스턴식으로 안뜨기할 때 실을 바늘 아래로 감으면, 웨스턴 방식 안뜨기보다 실의 경로가 약간 더 짧아집니다. 실의 길이가 짧으니 뜨개코가 작아지지요. 그리고 뜨개코를 걸러뜨는 조작을 하지 않아도 됩니다. 하지만 여전히 지그재그 모양은 남아 있습니다. 크기만 조금 작아졌을 뿐이지요.(101페이지의 비교 사진을 살펴보세요.)

변형 #2:

의도적으로 꼰다. (바늘을 어디에 꽂는지)

두 번째 변형은 아래 코를 의도적으로 꼬아서 SSK를 더 평평하게 만듭니다.

우리는 이미 코의 '왼 다리'에 바늘을 넣으면 뜨개코가 꼬인다는 것을 알고 있습니다. SSK의 두께를 줄이기 위해서는 첫 코를 겉뜨기하듯 걸러뜨고, 그 코를 다시 왼쪽 바늘로 옮긴 후, 다음 코와 함께 바늘 뒤쪽 고리에 오른쪽 바늘을 넣어 2코 모아뜨기를 합니다. 이렇게 하면 위쪽 코가 벌어지고 아래 코는 꼬여서 2코 모아뜨기가 조금 평평해집니다.

비록 더 보기 좋아졌지만, SSK는 여전히 지그재그 모양을 가지고 있습니다. 다만 모양이 좀 더 평평해진 지그재그일 뿐입니다. (모든 방법을 나란히 비교한 101페이지를 참고하세요.)

이 두 가지 변형은 문제의 일부를 해결했습니다. 하나는 코의 크기를 작게 만들었고, 다른 하나는 아래 코를 꼬아서 더 납작하게 눕게 만들었지만, 두 방법 모두 여전히 지그재그 모양을 가지고 있습니다. 다음에 소개할 방법은 저에게 특별한 의미가 있습니다. 이것은 제가 처음으로 고안한 방법(UNvention)이며, 2009년에 처음 개설된 제 수업 "Patty's Knitting Bag of Tricks"의 씨앗이 되었습니다. 이 방법은 빠르고, 간단하고, 생김새도 예쁘지요. 모든 바람을 다 해결해 준답니다.

한 동작 SSK (ONE MOVE SSK) : 내가 가장 좋아하는 방법

SSK를 다시 살펴보던 중 "아하!" 하고 놀라는 순간이 찾아온 건, 덮어씌워 코막음의 마지막에 늘 코가 커져 버리고 단의 첫 코가 헐렁해 보이는 이유를 깨달았을 때였습니다. 모든 코는 한 가닥의 실로 이어져 있어, 한 코에서 다음 코로 흘러갑니다. 즉, 지금 뜨고 있는 코는 그 이전의 코에 영향을 미친다는 뜻입니다.

뜨개를 할 때 지금 뜨는 코는 항상 약간 늘어나지만, 다음 코를 뜨는 동작이 그 코를 다시 조여 줍니다. 예를 들어, K2tog(왼코 겹치기)를 할 때, 2번째 코가 위로 올라오고, 3번째 코를 뜰 때 그 위에 있는 코가 조여져서 모양새가 예쁘고 작게 당겨집니다. 실의 흐름은 1번째 코에서 2번째, 3번째 코로 끊김 없이 흐릅니다.

SSK를 할 때 1번째 코는 위쪽에 오고, 2번째 코는 아래쪽에 위치하게 됩니다. 3번째 코를 뜨면, 2코 모아뜨기로 겹쳐진 2코 중 아래의 코는 당겨 조여지지만, 위의 코는 헐렁하고 느슨해지게 됩니다. 이로 인해 실의 흐름이 끊기게 됩니다.

다음 방법은 위쪽 코를 조이는 동시에 SSK를 한 번에 할 수 있게 해주어 K2tog만큼 빠르게 만들며, 미리 준비하거나 걸러뜨기 등의 사전 작업도 필요 없습니다.

1. 우선 다음 2코를 왼쪽 바늘 끝까지 옮깁니다. 오른쪽 바늘 끝을 1번째 코의 앞쪽 고리에 넣고, 그대로 바늘의 방향을 회전하여 2번째 코의 고리 뒤쪽에 (꼬아뜨기 하듯) 넣습니다. 이렇게 하면 위의 코는 열리고 (바늘이 코의 '구멍'에 똑바로 들어가고), 아래 코는 돌려뜨기가 되어 '변형 2'의 형태가 됩니다.

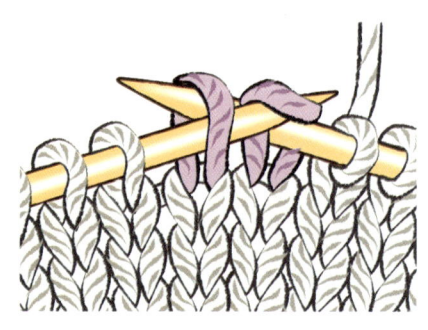

2. 오른쪽 바늘을 돌려 두 번째 코를 늘려줍니다. 이 늘이는 동작이 1번째 코를 조여 주게 됩니다.

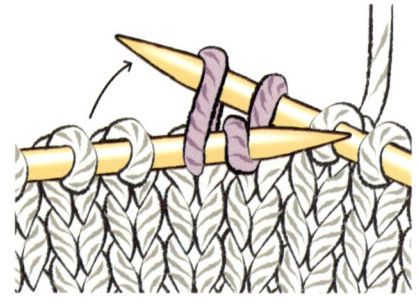

3. 작업실을 오른쪽 바늘에 감고, 바늘이 들어간 바로 그 자리, 작은 삼각형의 밑부분을 통과시켜 2코를 함께 겉뜨기합니다. 이 동작은 위쪽 코를 더 작게 만들어 줍니다.

4. 새롭게 생긴 코를 바늘에서 빼면서, 이전 1번째 코를 놓아줍니다. 이때 바늘을 빼내면서 왼쪽 바늘로 이전의 2번째 코를 살짝 당깁니다. 이렇게 하면 위에 놓인 1번째 코에 남아 있는 느슨한 부분이 모두 제거됩니다.

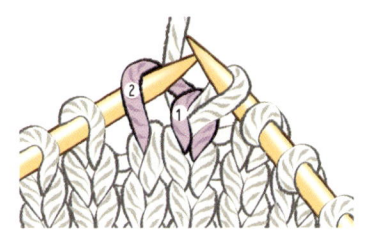

5. 왼쪽 바늘의 다음 코에 바늘을 넣을 때 작업실을 살짝 당기면, 한 동작 SSK를 단단하게 조여줍니다.

다음은 SSK의 네 가지 변형을 비교한 것입니다.

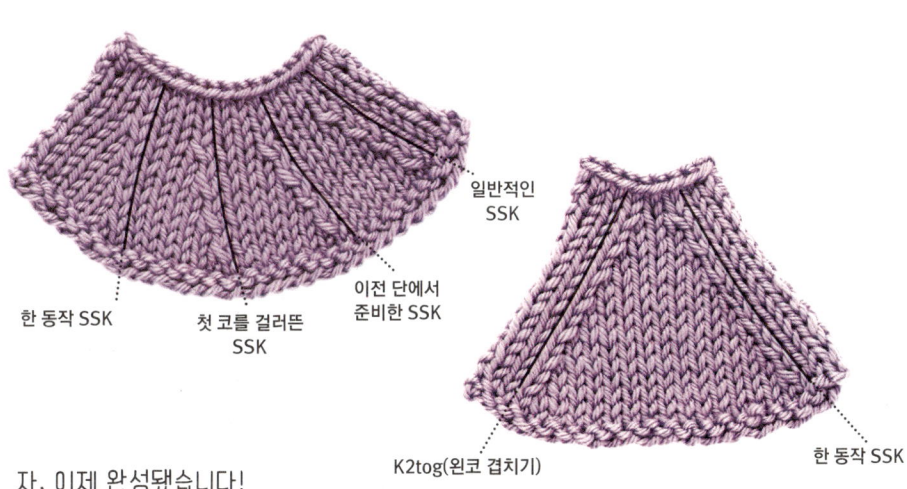

자, 이제 완성됐습니다!

헐거운 위쪽 코의 느슨함을 뒤로 옮겼기 때문에, 실제로 K2tog와 맞는 깔끔하고 정돈된 SSK가 만들어졌습니다.

SK2P (오른코 3코 모아뜨기) : 1코 코줄임을 2배로 만든다!

이제 왼쪽과 오른쪽으로 기우는 1코 코줄임을 아름답게 뜨는 방법을 알았으니, 우리가 알고 있는 코의 구조 지식을 활용해서 2코 코줄임(3코 모아뜨기)도 개선해 볼 수 있습니다.

3코를 하나로 모으면서 왼쪽으로 기울게 하고 싶을 땐, 익숙한 방법인 SK2P(1코를 걸러뜨고, 2코를 모아뜬 뒤, 걸러뜬 코를 그 위로 넘기는 방법)를 사용합니다. 이 방법은 간단하지만, SSK가 그랬던 것처럼 위의 코가 길게 늘어지는 형태가 남습니다. 그럴 때는 다시 한 번 당겨주는 동작으로 해결할 수 있습니다.

1. 겉뜨기하듯 오른쪽 바늘을 넣어 코를 걸러 뜨고, 다음 2코를 K2tog (왼코 겹치기) 합니다.

2. 오른쪽 바늘의 2코 모아뜨기의 뒤쪽을 살펴보세요. 오른쪽 바늘에서 가장 멀리 떨어진, 제일 아래에 있는 안뜨기의 볼록한 부분을 찾아, 왼쪽 바늘을 앞에서 뒤를 향해 넣어 줍니다(그림의 ②). 이렇게 하면 2번째 코가 늘어나면서, 걸러뜨기 코의 느슨함이 사라집니다.

3. 왼쪽 바늘에 2번째 코(그림의 ②)가 아직 걸려 있는 상태에서, 바늘 끝을 앞쪽으로 돌려 2코 모아뜨기 코 위를 지나, 걸러뜨기 코에 바늘을 넣어 위에서 덮어씌웁니다.

4. 덮어씌운 코와 2코 모아뜨기를 한 2번째 코에서 왼쪽 바늘을 뺍니다.

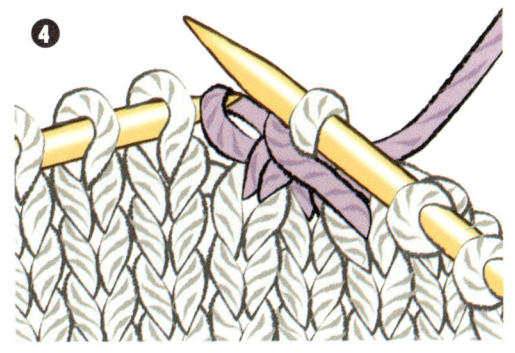

5. 왼쪽 바늘의 다음 코에 바늘을 넣고, 실을 살짝 잡아당겨, 개선된 SK2P를 당겨 조입니다.

짜잔! 코의 느슨함이 사라졌어요!

K3tog (왼코 3코 모아뜨기) : 오른쪽으로 기운 2코 코줄임

이 책의 서두에서도 말했듯이, 제가 고안한 몇 가지 요령은 코의 완성된 모양을 더 예쁘게 만들기 위해서이고, 또 어떤 것들은 그 코를 '정석대로' 뜨는 게 싫어서 만든 것입니다. 네, K3tog가 바로 여기에 해당하지요.

이 요령은 제가 가장 싫어하는 K3tog 문제를 해결해 줍니다. K3tog는 '왼코 3코 모아뜨기'인데, 'K2tog(왼코 겹치기)'와 똑같이 뜨지만, 다만 2코가 아니라 3코라는 점만 다릅니다. 실이 굵으면 굵을수록 3코를 왼쪽 바늘 끝으로 보내, 뒤틀림 없이 코를 뜨는 게 더 어렵지요. 바늘을 3코에 억지로 밀어 넣다가 코가 늘어나 버리고, 3코를 한 번에 뜨는 작업 역시 만만치 않습니다.

K3tog는 왼쪽으로 기울어지는 SK2P와 대칭되는, 오른쪽 기울어지는 줄이기입니다. 어느 날 저는 이렇게 생각했습니다. '맨 처음 코를 걸러뜨고, 다음 2코를 모아뜬 다음, 그 위에 걸러뜬 코를 덮어씌우는 SK2P의 순서를 반대로 하는 방법은 없을까?'라는 의문이 들었습니다. 그 답은 '없을 리가 있겠어? 2코 모아뜨기, 걸러뜨기, 걸러뜬 코를 덮어씌우기 하면 되잖아!'였습니다.

1. 우선 K2tog부터 시작합니다. 굵은 실을 써도 두 코만 모아뜨는 것은 상당히 쉽습니다.

2. 방금 뜬 코를 왼쪽 바늘로 다시 옮깁니다. 코의 방향이 바뀌지 않도록 안뜨기 방향으로 옮기세요.

3. 왼쪽 바늘로 돌려놓은 코의 다음 코를 오른쪽 바늘로 들어 올려, K2tog한 코에 덮어씌웁니다.

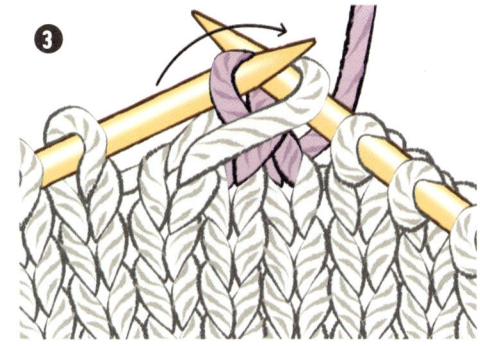

4. 이제 완성된 새로운 K3tog를 왼쪽 바늘에서 오른쪽 바늘로 옮깁니다(이번에도 안뜨기 방향으로). 그리고 마지막에 실을 가볍게 잡아당겨 코를 단단하게 조입니다.

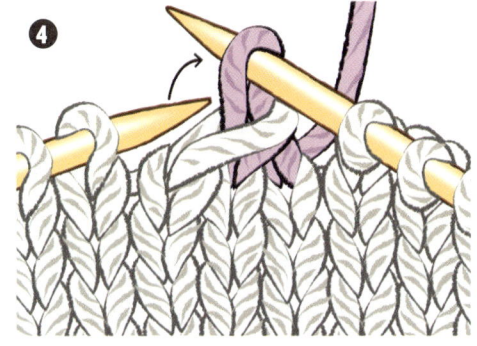

'(코를) 덮어씌운다'에 속지 마세요. 3코 모아뜨기에는 변함이 없으니까요. 코를 들어 올려서 다른 코에 덮어씌우는 것은, 결국 실을 고리 안으로 통과시키는 것과 같습니다. 코를 떨굴 때를 생각해 보세요. 바늘 끝에 실을 걸고, 거기에 떨어트린 코를 덮어씌우면 겉뜨기가 됩니다. 이 원리를 이용해, 왼쪽 바늘에 실을 걸고 필요한 만큼의 고리를 덮어씌워도 같은 효과를 낼 수 있습니다. 하지만 이건 손이 많이 가는 방법이에요. (특히 실을 오른손에 걸어 뜨는 분이라면 균일한 장력을 유지하기도 어렵습니다.) 그래서 언제나 K2tog으로 시작하고, 필요에 따라 K3tog, K4tog, 혹은 K5tog를 하는 편이 훨씬 쉽습니다.

CDD(Central Double Decrease) : 중심 3코 모아뜨기

CDD는 아주 아름답지만 자주 오해받는 코줄임 방법입니다. SK2P(오른코 3코 모아뜨기)처럼 3코를 사용하지만, 이번에는 좌우 어느 쪽으로도 기울지 않습니다. 가운데 있는 2번째 코가 1번째 코와 3번째 코 위에 겹칩니다. 이 코줄임은 레이스 무늬나 브이넥 스웨터의 넥밴드 아래쪽의 중심 코 같은 장식적인 요소에서도 자주 사용됩니다.

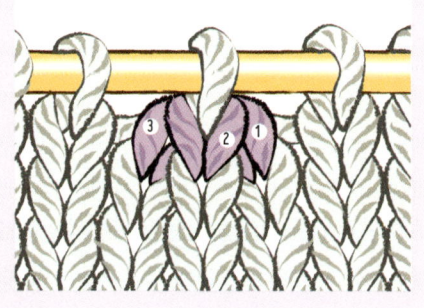

CDD는 S2KP로도 약칭되며, 이는 SSK와 마찬가지로 이해하기 어려울 때가 있습니다. 저는 처음에 S2KP의 'S2 = slip 2(2코 걸러뜨기), K = knit(1코 겉뜨기), P = pass over(덮어씌우기)'라는 순서를 보고, SSK를 어렵게 배운 기억이 있어서 이렇게 생각했습니다. "한 번 속았으면 됐지… 여기서는 겉뜨기하듯 걸러뜨기를 하는 거겠네." 그래서 1코씩 겉뜨기하듯 걸러뜨기를 했는데도, 중심 3코 모아뜨기는 되지도 않고, 왼쪽으로 기운 2코 코줄임이 되고 말았습니다. 여기서도 또 조작 순서가 간략화되어 적혀 있었던 겁니다. 정확히 말하면, '2코 걸러뜨기'는 '2코를 **"동시에"** 걸러뜬다(K2tog처럼)'였던 거예요. 그리고 다음 코를 겉뜨기하고, 걸러뜬 2코를 뜬 코에 덮어씌웁니다. 이제 명확해지죠. '코줄임의 법칙(바늘이 먼저 들어간 코가 맨 위로 온다)'을 파악하고 있다면, 1번째 코와 3번째 코 위에 2번째 코가 겹치게 됨을 이해할 수 있습니다.

CDD는 아름다운 코줄임이지만, 지시된 방식 그대로 뜨면 두 가지 결점이 생깁니다. 우선 두 코를 한꺼번에 넘길 때, 코를 늘어지지 않게 넘기기가 쉽지 않습니다. 또한, 완성된 자리에는 약간의 돌기(불룩함)가 남습니다. 이 질감이 레이스 뜨기에서는 멋스럽게 보일 수도 있지만, 브이넥 마감처럼 매끈한 마무리가 필요한 경우에는 그다지 바람직하지 않습니다.

K3tog(왼코 3코 모아뜨기)에서는 3코를 모아뜨는 대신 코를 덮어씌우는 방식으로 같은 효과를 얻었죠. 이제 그 과정을 거꾸로 해봅시다! 다음은 더 쉽고 평평한 CDD를 만드는 요령입니다.

1. 원래의 뜨는 순서와 동일하게 시작합니다. K2tog(왼코 겹치기)를 뜨는 것처럼 2코를 모아서 오른쪽 바늘로 걸러뜹니다. 이렇게 하면 뜨개코의 방향이 바뀌는 것만이 아니라 2코의 위치도 바뀝니다.

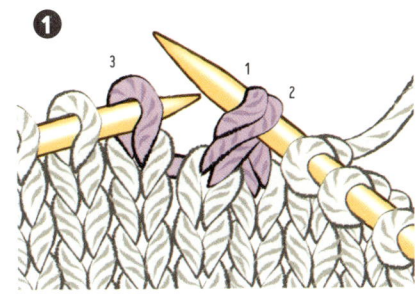

2. 걸러뜬 2코의 고리 앞쪽에 왼쪽 바늘을 넣고, 오른쪽 바늘은 빼지 않은 채로, 오른쪽 바늘 끝을 3번째 코의 뒷쪽으로 살살 움직이며 통과시킵니다.

3. 이 상태에서 3코를 모아뜨고, 실을 가볍게 잡아당겨 개선된 CDD를 조여줍니다.

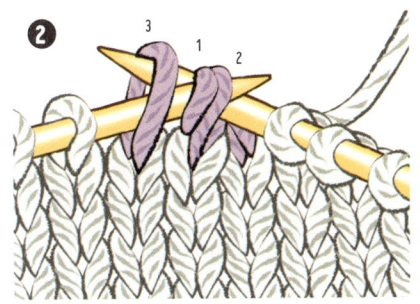

완성! 훨씬 쉽게 할 수 있고, 더 **평평해졌**습니다.

왜 이렇게 되는지 이해가 되나요? 바늘을 어디에 넣었는지를 기억해 보세요. 한 동작 SSK와 마찬가지로, 2코 모아뜨기가 겹치는 아래쪽 코의 뒷쪽으로 바늘을 넣어 겉뜨기하면 코가 꼬이기 때문에 더 평평해집니다.

CSD(Central Single Decrease) : 중심 1코 코줄임

때로는 기울기 없이 한 코를 줄이고 싶을 때가 있습니다. 몇 해 전, 다이아몬드 모티프의 윗부분에 K2tog(왼코 겹치기)가 들어간 레이스 패턴을 작업하던 중 그 모양이 영 마음에 들지 않았습니다. 그래서 바늘 위에서 여러 가지 방법을 시도하다가 두 가지 변형을 고안했습니다. 그 당시에는 몰랐지만, 다른 뛰어난 뜨개 작가 로버트 파웰(Robert Powell) 역시 '3코를 2코로 줄이는' 결과를 내는 또 다른 방법을 고안해 두었더군요. 이 점이 바로 제가 뜨개를 좋아하는 이유 중 하나입니다. 하나의 결과에 이르는 길이 여러 가지 존재하며, 그중 자신에게 가장 잘 맞는 방법을 선택할 수 있다는 점이 매력적이기 때문입니다.

변형 #1:

CSD(중심 1코 코줄임) : 바깥쪽으로 기울어진다

첫 번째 방법은 CDD(중심 3코 모아뜨기)를 응용한 매우 간단한 코줄임입니다. 2코를 1코 위로 넘길 수 있다면, 1코를 2코 위로 넘길 수도 있지 않을까? 하는 생각이 났거든요.

1. 전통적인 CDD와 완전히 같은 방식으로 시작합니다. K2tog를 하듯이 2코를 모아 걸러뜨고, 다음 코를 겉뜨기합니다.

2. 걸러뜬 2코 중에서 오른쪽에 있는, 먼저 옮겨 놓은 코 하나만 남은 2코 위로 넘깁니다.

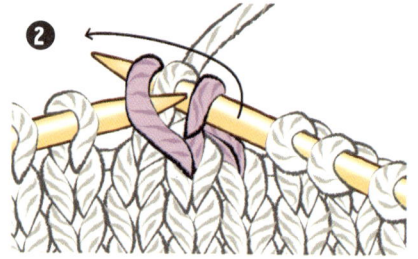

3코를 2코로 줄이면서 작고 깔끔하게 정리된 코줄임입니다! 기술적으로 말하자면, 남은 2코 중 1번째 코는 걸러뜨고, 2번째 코는 뜬 것이지만, 그 차이는 거의 눈에 띄지 않습니다. 겉보기에는 마치 한 코에서 두 코가 신기하게 솟아 나온 것처럼 보일 뿐입니다.

변형 #2:

CSD(중심 1코 코줄임) : 안쪽으로 기울어진다

앞서의 코줄임은 한쪽은 오른쪽으로, 다른 한쪽은 왼쪽으로 기울어 중심에서 뜨개코가 솟아 나오는 것처럼 보이는 코줄임이었습니다. 이번에는 그 상황을 반전시켜 보겠습니다!

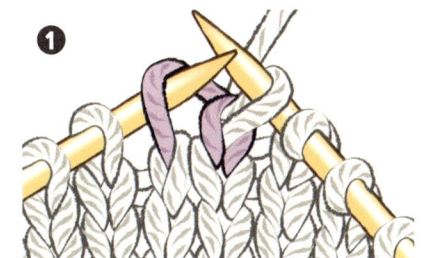

1. 우선 한 동작 SSK를 만듭니다(100~101페이지 참조). 이때 SSK에서 살짝 당겨주었던 가장 아래쪽 고리가 여전히 왼쪽 바늘 끝에 걸린 상태로 둡니다.

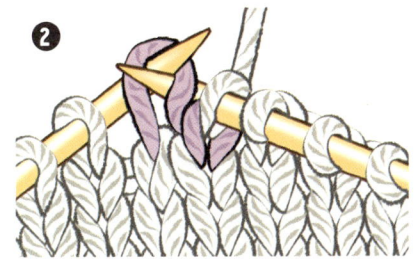

2. 왼쪽 바늘 끝에 남아 있는 코의 뒤쪽으로 오른쪽 바늘을 넣어 코의 방향을 바꿉니다.

3. 그 코를 안뜨기하듯 왼쪽 바늘로 되돌려놓습니다.

4. 되돌려놓은 코를 다음 코와 함께 K2tog(왼코 겹치기)를 합니다.

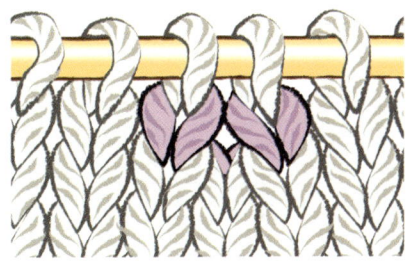

좌우 안쪽으로 기우는 CSD. 3코가 2코가 된다.

좌우 밖깥쪽으로 기우는 CSD. 3코가 2코가 된다.

코늘림 : 완벽한 늘림 기법!

코늘림은 기본적인 기법이지만, 그렇다고 해서 더 아름답게 만드는 요령이 없다는 뜻은 아닙니다. 그 개선 방법들을 소개하기 전에, 코늘림의 세 가지 주요 유형을 살펴보겠습니다. 각 코늘림의 구조를 이해하면 어떤 방법을 사용할지 더 쉽게 결정할 수 있습니다.

코늘림은 다음 세 가지 방식 중 하나로 합니다.

- 2코 사이에서 늘리기 (바늘비우기, 꼬아늘리기)
- 기존의 코에서 늘리기 (KFB)
- 이전 단의 코를 들어 올려 늘리기 (오른코 늘리기, 왼코 늘리기)

2코 사이에서 늘리기 : 바늘비우기(YO), 꼬아늘리기(M1)

2코 사이에서 코를 늘리는 일반적인 방법은 바늘비우기와 꼬아늘리기입니다. 이 두 종류의 코늘림 관계를 이해하면 더 쉽고 아름다운 뜨개를 할 수 있는 열쇠가 됩니다.

바늘비우기(YO) : 뜨개코를 열어둔다

바늘비우기는 코를 늘리는 동시에 편물에 '구멍(비침)'을 만듭니다. 이 방법은 레이스 무늬 등의 장식적인 코늘림에서 이용하지요. 그래서 '눈에 띄지 않는 코늘림'에는 해당하지 않습니다.

약어에 관하여

미국에서는 바늘비우기를 **yarn over**라고 부르며 YO라고 약칭합니다. 영국에서는 YRN(yarn around needle), YON(yarn over needle), YFRN(yarn forward round needle), YFWD(yarn forward) 등 다양한 약어로 부릅니다. 이러한 표기 차이는 코늘림 앞뒤에 어떤 코가 오는지에 따라 달라집니다. 모르는 약어가 있다면, 항상 도안의 뜨개 용어 해설표를 확인하는 것이 좋습니다. 이름은 달라도, 이 모든 약어는 바늘비우기의 두 단계를 가리킵니다.

바늘비우기의 네 가지 형태를 외우기보다는, 두 단계로 이루어진 하나의 동작으로 이해하는 편이 더 좋습니다.

1 바늘의 앞쪽에서 뒤쪽으로 실을 건다.

2 다음 코를 뜰 위치로 실을 옮긴다.

Step ①에서 왜 실을 바늘 앞쪽에서 뒤쪽으로 거는지 궁금할 수도 있습니다. 바늘비우기에도 두 개의 다리가 있습니다. 실을 앞쪽에서 뒤쪽으로 걸면, 그 코는 다른 코들과 마찬가지로 오른 다리가 앞쪽에 걸립니다. 다음 단에서 이 코를 뜰 때는 오른 다리(코의 앞쪽, 바늘 앞에 걸리는 다리)에 바늘을 통과시켜 뜨게 되며, 이렇게 하면 코가 열린 채로 남으면서 장식적인 구멍이 만들어집니다.

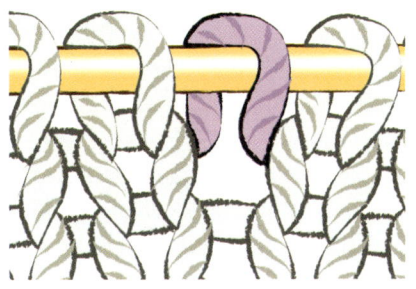

오른 다리가 앞쪽에 걸린 바늘비우기

Step ②에서는 다음 코를 뜰 위치로 실을 이동시킵니다. 다음 코가 겉뜨기 계열의 코라면, 앞쪽에서 뒤쪽으로 실을 걸어 바늘비우기를 하면 실이 바늘 둘레의 3/4을 감은 상태로, 이미 다음 코를 뜰 위치에서 대기하고 있습니다. 하지만 다음 코가 안뜨기 계열의 코라면, 실을 다시 앞으로 가져와야 안뜨기를 준비할 수 있습니다. 이 경우 실은 바늘을 한 바퀴(360도) 완전히 돌아간 셈이 됩니다.

이처럼 같은 바늘비우기라도 서로 다른 양의 실을 사용하기 때문에, 많은 뜨개인들을 괴롭히는 문제의 원인이 됩니다. 네, 바로 바늘비우기의 크기가 가지런하지 않다는 고민 말이지요.

겉뜨기에 대비해 실을 뒤쪽으로

안뜨기에 대비해 실을 앞쪽으로

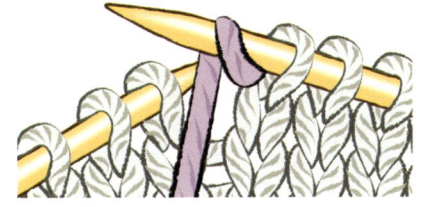

바늘비우기의 크기를 균일하게 만들기 : 포인트는 실의 이동 거리

다음은 안뜨기 전후의 바늘비우기의 크기가 균일하지 않은 스와치입니다.

안뜨기 전의 바늘비우기는 이동 거리가 길다.

겉뜨기 전의 바늘비우기는 이동 거리가 짧다.

바늘을 감는 실의 경로를 더 짧게 또는 길게 선택함으로써, 바늘비우기의 크기를 맞출 뿐 아니라 그 크기 자체도 조절할 수 있습니다. 작품에 따라 작은 비침이 보기 좋을 수 있고, 다른 작품에서는 큰 비침이 더 어울릴 수 있습니다.

실의 이동 거리를 조절하기 위해서는 다음 세 가지를 고려해야 합니다.

- **시작점** : 바늘비우기를 하기 위해 바늘 끝 사이에서 실을 이동할 필요가 있는지 없는지
- **방향** : 실을 감는 방향
- **종료점** : 다음 코를 뜨기 위해 바늘 끝 사이에서 실을 이동할 필요가 있는지 없는지

실의 이동 거리를 바꾸기 위한 비밀 병기가 바로 '역 바늘비우기'입니다.

전통적인 바늘비우기 방법에 대해서는 이미 설명한 대로, 실을 바늘에 감을 때 실이 앞쪽에서 뒤쪽으로 지나가도록 감습니다. 그러나 역 바늘비우기의 경우는 반대 방향, 즉 바늘의 뒤쪽에서 앞쪽으로 실을 겁니다.

실을 뒤쪽에서 앞쪽으로 넘긴다

'작은 바늘비우기'로 정돈한다 : 안뜨기하기 전에는 역 바늘비우기

역 바늘비우기는 미국식으로 뜨는 경우와 프랑스식으로 뜨는 경우에 따라 조금 다르게 수행하며, 두 경우 모두 실이 부족한 듯한 느낌이 들 수 있습니다. 그러나 다음 단에서 작업하면 훌륭한 모양이 나올 것이니 믿으셔도 좋습니다.

오른손 손가락으로 바늘비우기를 잡고, 다음 안뜨기를 뜬다.

프랑스식 (Continental)

실을 뒤쪽에 둔 채 안뜨기를 하면, 자연히 실은 바늘 위에 걸린다.

미국식 (English)

바늘비우기를 작게 하려면, 실이 바늘을 감는 경로를 짧게 해야 합니다. 경로를 짧게 하려면 실의 **시작점과 종료점을 다르게 해야** 합니다.

작은 바늘비우기 = 이동 거리가 짧다 (시작점과 종료점이 다름)

1. 겉뜨기 전에 바늘비우기를 할 경우 → 전통적인 바늘비우기

바늘비우기의 시작점은 바늘의 **앞쪽**, 종료점은 바늘의 **뒤쪽**

- 시작점은 앞쪽에서(겉뜨기를 한 후라면, 바늘 끝 사이로 실을 앞쪽으로 옮긴다).
- 실을 바늘 위로 감아 뒤로 보낸다.
- 이걸로 다음 겉뜨기를 할 준비가 완료.

실은 바늘 둘레를 약 4분의 3바퀴 이동한 것이 된다.

2. 안뜨기 전에 바늘비우기를 할 경우 → 역 바늘비우기

바늘비우기의 시작점은 바늘의 **뒤쪽**, 종료점은 바늘의 **앞쪽**

- 시작점은 뒤쪽에서(안뜨기를 한 후라면, 바늘 끝 사이로 실을 뒤쪽으로 옮긴다).
- 실을 바늘 위로 감아 앞으로 보낸다.
- 이걸로 다음 안뜨기를 할 준비가 완료.

실은 바늘의 약 4분의 3바퀴 이동한 것이 된다.

실의 이동 거리를 짧게 하려면, 겉뜨기 전에는 전통적인 바늘비우기를, 안뜨기 전에는 역 바늘비우기를 하면 됩니다. 그렇게 하면 두 개의 작고 깔끔한 바늘비우기가 완성됩니다.

작은 바늘비우기로 정돈된다.

큰 바늘비우기로 정돈한다 : 겉뜨기하기 전에는 역 바늘비우기

바늘비우기를 크게 하려면, 실이 바늘을 감는 경로를 길게 해야 합니다. 경로를 길게 하려면 실의 **시작점과 종료점을 같게 해야** 합니다.

큰 바늘비우기 = 이동 거리가 길다 (시작점과 종료점이 같음)

1. 겉뜨기 전에 바늘비우기를 할 경우 → 역 바늘비우기

바늘비우기의 시작점도 종료점도 바늘의 **뒤쪽**

- 시작점은 뒤쪽에서(안뜨기를 한 후라면, 바늘 끝 사이로 실을 뒤쪽으로 옮긴다).
- 실을 바늘 위로 감아 앞으로 보낸다.
- 다음 겉뜨기를 할 때는 바늘 사이로 실을 뒤쪽으로 옮긴다.

실은 바늘 둘레를 360도 이동한 것이 된다.

2. 안뜨기 전에 바늘비우기를 할 경우 → 전통적인 바늘비우기

바늘비우기의 시작점도 종료점도 바늘의 **앞쪽**

- 시작점은 앞쪽에서(겉뜨기를 한 후라면, 바늘 끝 사이로 실을 앞쪽으로 옮긴다).
- 실을 바늘 위로 감아 뒤로 보낸다.
- 다음 안뜨기를 할 때는 바늘 사이로 실을 앞쪽으로 옮긴다.

실은 바늘 둘레를 360도 이동한 것이 된다.

이동 거리를 길게 하려면, 겉뜨기 전에는 역 바늘비우기를, 안뜨기 전에는 전통적인 바늘비우기를 하면 됩니다. 그렇게 하면 두 개의 크고 아름다운 바늘비우기가 완성됩니다.

큰 바늘비우기로 정돈된다.

이 시점에서 여러분은 '역 바늘비우기'에 대해 궁금해하실 수도 있습니다. 바늘비우기에서는 오른 다리가 바늘의 앞쪽에 있으니까, 역 바늘비우기에서는 오른 다리가 뒤쪽에 있는 게 아닐까? 그럼 다음 단에서 이 코들을 '열린' 상태로 두려면 어떻게 뜨면 좋을까? 네, 맞습니다. "바늘을 '구멍'에 똑바로 넣으면" 됩니다.

다음 단에서는 이전 단에서 역 바늘비우기를 한 코의 뒤쪽에 바늘을 넣어 겉뜨기 또는 안뜨기를 하면 완벽하게 크기가 맞는 바늘비우기가 완성됩니다.

역 바늘비우기에 겉뜨기를 한다.

역 바늘비우기에 안뜨기를 한다.

골치 아픈 안뜨기에다가, 코줄임 전후의 바늘비우기가 가지런하지 않은 현상을 경험할 수 있습니다. 이건 뜨는 사람이 가하는 장력에 따라 발생할 가능성이 있는데, 코줄임 전의 바늘비우기가 작게, 혹은 코줄임 후의 바늘비우기가 크게 나타나는 것을 볼 수 있습니다. 이는 코줄임을 할 때 실을 더 꽉 잡아당기는 경향이 있어, 앞서 만든 바늘비우기까지 더 당겨지기 때문입니다. 뜨개인마다 차이가 있으므로, 바늘비우기를 더 잘 맞추고 싶을 때마다 지금까지 소개한 방법을 활용해 보세요.

완벽하게 다듬어진 '작은 바늘비우기'와 '큰 바늘비우기'입니다.

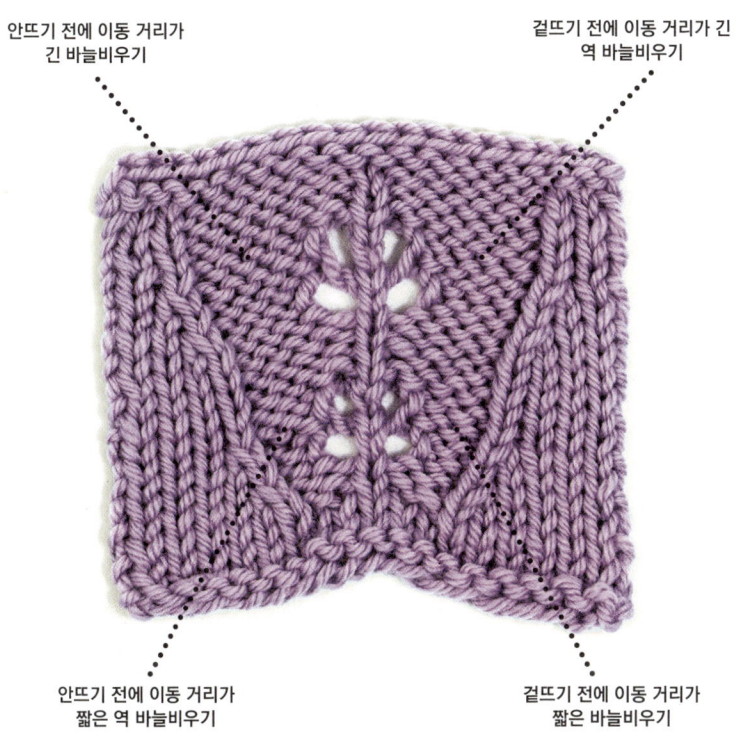

안뜨기 전에 이동 거리가
긴 바늘비우기

겉뜨기 전에 이동 거리가 긴
역 바늘비우기

안뜨기 전에 이동 거리가
짧은 역 바늘비우기

겉뜨기 전에 이동 거리가
짧은 바늘비우기

꼬아늘리기(M1) : 꼬아 떠서 뜨개코를 닫는다.

바늘비우기는 귀여운 장식적 효과를 더해주지만, 너무 도드라지는 비침을 넣고 싶지 않을 때도 있습니다. 다행히도 코와 코 사이에서 코늘림을 만드는 방법이 또 하나 있습니다. 바로 꼬아늘리기지요.

꼬아늘리기는 기존의 2코 사이에 '구멍'(비침) 없이, 새로운 코를 만듭니다. 겉뜨기, 안뜨기 상관없이 2코 사이에서 할 수 있고, 다양하게 활용할 수 있는 코늘림이지요. 그뿐만 아니라 실을 꼬는 방법에 따라 좌우 버전이 있고, 겉뜨기에도 안뜨기에도 할 수 있습니다. 고무뜨기에서 메리야스뜨기로 전환할 때의 코늘림에는 꼬아늘리기가 매우 효과적입니다(203페이지 참조).

저는 꼬아늘리기가 바늘비우기의 꼬여 있는 자매라고 생각합니다. 두 기법 모두 2코 사이에서 코를 늘리지요. 그 구조에 대해 이해하기 전까지는, 이 두 종류의 코늘림이 어떤 관계성을 가졌는지 바로 이해하기 어려울지도 모릅니다.

코와 코 사이를 지나가는 실, 다시 말해 걸쳐진 실이 있지요? 꼬아늘리기의 경우, 이전 단의 코와 코 사이의 걸쳐진 실을 들어 올려 바늘 위에 얹습니다. 바늘비우기에서는 지금 뜨는 단의 실을 바늘에 얹습니다. 한 가지 큰 차이는, 바늘비우기일 때는 '오른 다리'에 바늘을 넣기 때문에 뜨개코가 열린다는 점입니다. 꼬아늘리기일 때는 '왼 다리'에 바늘이 들어가기 때문에 뜨개코는 꼬여서 닫힙니다.

오른쪽 그림은 (왼쪽 바늘을 앞에서 뒤로 넣어서) 걸쳐진 실을 들어 올려 왼쪽 꼬아늘리기를 하는 모습입니다. 어디서 많이 본 것 같지 않나요? 이 상태에서 고리 앞쪽에 바늘을 넣고 뜨면 바늘비우기가 됩니다. 레이스 뜨기를 해본 뜨개인이라면, 바늘비우기를 깜박했을 때 다음 단에서 걸쳐진 실을 들어 올려, 고리 앞쪽에 바늘을 넣어 안뜨기하여 수정하는 기술을 알고 있을 거예요. 바늘비우기를 '나중에 추가하는' 것이지요.

꼬아늘리기를 위해 들어 올린 걸쳐진 실은 바늘비우기처럼 보인다.

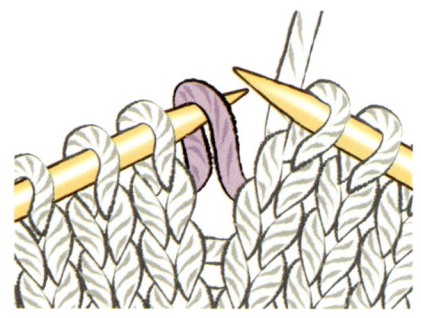

하나는 너무 빡빡하고, 다른 하나는 너무 느슨하고

기존의 꼬아늘리기를 두고 뜨개인들이 자주 불만을 터트리는 것이 있는데, 그건 바로 꼬아늘리기의 뿌리 쪽에 작은 틈새가 생긴다는 점입니다. 특히 신축성이 없는 코튼 같은 소재의 실로 뜰 때 이런 일이 잘 발생하는데, 이는 걸쳐진 실의 길이에도 관계가 있습니다. 걸쳐진 실을 들어 올릴 때 너무 빡빡하게 느껴질 때가 있지요.

바늘비우기와 꼬아늘리기의 관계를 이해하면, 이들을 다루는 세계가 한층 넓어집니다. 엘리자베스 짐머만은 좌우의 꼬아늘리기를 감아코 요령, 즉 꼬리실이 아래로, 혹은 위로 오는 식으로 교차하여 오른쪽 바늘에 얹어 다음 코를 뜨는 방식으로 만들었습니다(감아코에 대해서는 202페이지 참조).

감아코에 의한 왼쪽 꼬아늘리기   감아코에 의한 오른쪽 꼬아늘리기

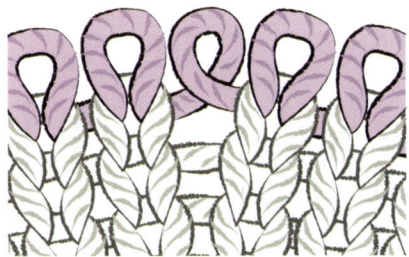 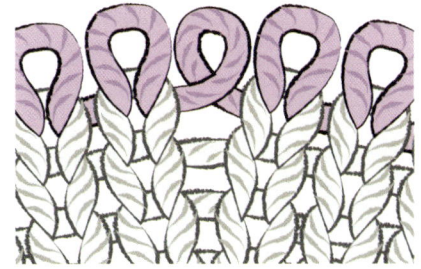

이전 단에서 실을 들어 올리는 게 아니라, 바늘 사이의 실을 확보해 놓으면 간격이 좁은 코늘림 단을 여러 번 반복해도 편물이 당겨지지 않습니다. 그러나 이전 단에서 실을 들어 올리는 방법으로는 좀 빡빡한 느낌이 드는 반면, 감아코에 의한 방법은 코가 좀 느슨해지는 느낌이 듭니다.

왼쪽 꼬아늘리기와 오른쪽 꼬아늘리기를 기억하는 방법

- Left it out front : **왼쪽 앞**
  걸쳐진 실을 front(앞쪽)에서 들어 올린다 = 왼쪽 꼬아늘리기 (**M1L**)
- Be right back : **오른쪽 뒤**
  걸쳐진 실을 back(뒤쪽)에서 들어 올린다 = 오른쪽 꼬아늘리기 (**M1R**)
- 양쪽 경우 모두 왼쪽 바늘과 오른쪽 바늘은 서로 반대의 움직임을 보입니다. 예를 들어, 왼쪽 바늘이 걸쳐진 실을 앞쪽에서 들어 올린다면, 오른쪽 바늘은 뒤쪽으로 바늘을 넣어 뜹니다.
- 뜨개코 자체는 좌우로 기울지 않지만, 걸쳐진 실이 좌우 어느 한쪽으로 꼬입니다.

바늘비우기를 꼬는 방법 : 최적의 꼬아늘리기

마침내 딱 맞는 방법을 찾았습니다. 바로 바늘비우기를 꼬는 방법이지요. 코와 코 사이에 실을 추가해준다는 장점은 그대로 둔 채, 실을 추가하면서 바로 꼬는(그 결과 실의 양을 많이 쓰게 됨) 대신 다음 단에서 꼽니다.

왼쪽 꼬아늘리기(M1L)를 만들 때는 기존의 바늘비우기를 하고(실을 앞에서 뒤로 건다), 다음 단에서 그 코의 뒤쪽에 바늘을 넣고 뜹니다.

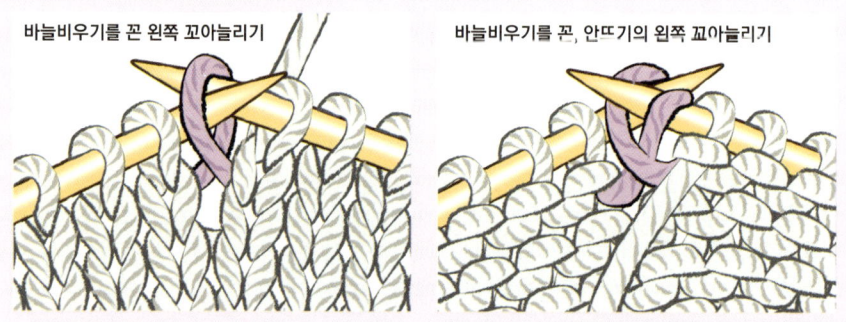

오른쪽 꼬아늘리기(M1R)를 만들 때는 역 바늘비우기를 하고(실을 뒤쪽에서 앞쪽으로 건다), 다음 단에서 그 코의 앞쪽에 바늘을 넣고 뜹니다.

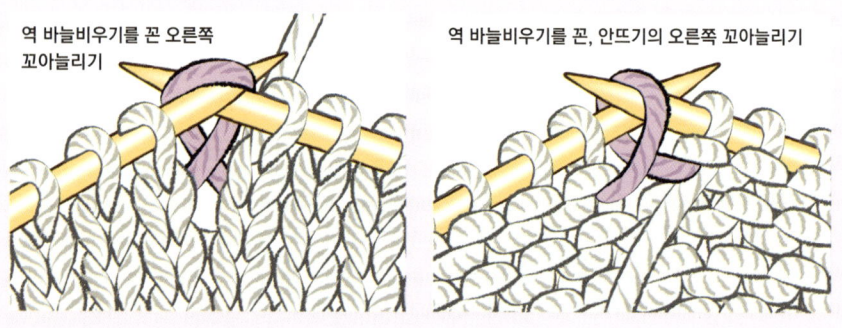

겉면 단에서 바늘비우기를 하고, (다음의) 안면 단에서 꼬면 완성입니다. 기존의 꼬아늘리기와 같은 단에서 코늘림을 만들고 싶은 경우에는, (이전 단의) 안면 단의 걸쳐진 실을 들어 올리는 대신, 안면 단에서 바늘비우기를 해놓고 다음의 겉면 단에서 꼽니다.

여기까지 이야기한 여러 변형을 정리한 스와치입니다. 저는 겉면에 바늘비우기를 하고 안면에서 꼬는 방법이 마음에 들어요. 모두 시험해 보고 어느 것이 나한테 맞는 방법인지 확인해 보세요.

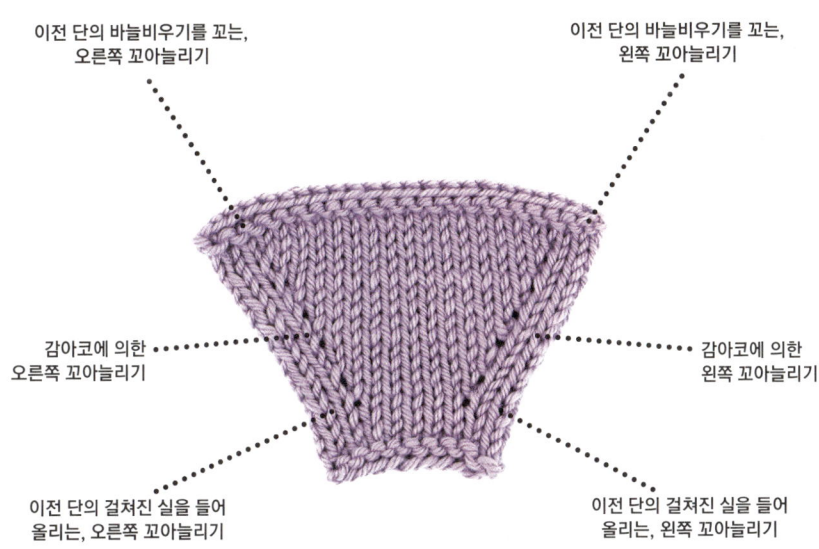

이전 단의 바늘비우기를 꼬는, 오른쪽 꼬아늘리기

이전 단의 바늘비우기를 꼬는, 왼쪽 꼬아늘리기

감아코에 의한 오른쪽 꼬아늘리기

감아코에 의한 왼쪽 꼬아늘리기

이전 단의 걸쳐진 실을 들어 올리는, 오른쪽 꼬아늘리기

이전 단의 걸쳐진 실을 들어 올리는, 왼쪽 꼬아늘리기

딱 맞아요

KFB: 기존의 코에서 늘리기

용도가 다양한데도 본래 받아야 할 사랑을 제대로 받지 못하는 것이 바로 KFB(knit front and back loop) 코늘림입니다. 이 코늘림은 뜨는 코에서 늘리기 때문에 이전 단에서 들어 올리거나 걸쳐진 실을 사용하지는 않습니다. 발끝부터 뜨는 양말이나 톱다운 래글런 스웨터처럼 2단마다 코늘림을 반복할 때 적절한 코늘림입니다.(203페이지 참조)

KFB는 '바 인크리즈(bar increase)'라고 부릅니다. 이는 바늘 앞쪽에 걸린 다리를 뜨고, 바늘 끝을 뒤쪽으로 돌려서 바늘 뒤쪽에 걸린 다리를 뜨는데, 그때 뜨개코의 오른 다리가 늘어나는 코의 아랫부분에 감겨, 겉뜨기 옆에 안뜨기를 한 형태가 되기 때문입니다. 이 코늘림은 가터뜨기나 멍석뜨기, 고무뜨기 등에 적합합니다.

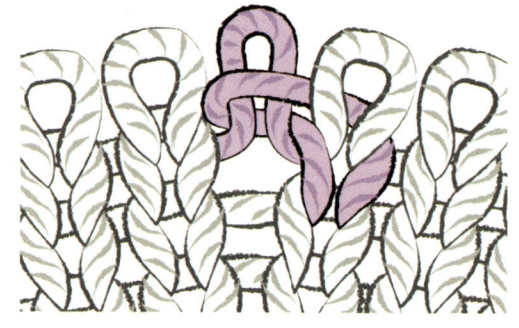

KFB의 코늘림

팁 : 새로 생긴 안뜨기 형태의 코는 항상 원래 코의 왼쪽에 생기기 때문에, 편물의 가장자리에서 좌우 대칭으로 뜨려면, 단의 시작에서는 1번째 코에 하고, 단의 끝에서는 마지막에서 2번째 코에 작업하세요. 이렇게 하면 안뜨기 형태의 코가 좌우대칭으로 양쪽 가장자리에서 1코 안쪽에 위치하게 됩니다.

KFS: 위장 코늘림

안뜨기 코처럼 보이지 않으면서 빠르고 간단하게 늘림코를 만들고 싶을 때가 있습니다. 이럴 때 사용할 수 있는 것이 바로 KFS(knit front slip = 겉뜨기를 하고, 걸러뜨기)입니다.

KFS는 KFB와 같은 방식으로 시작하지만, 바늘 뒤쪽의 다리는 뜨지 않습니다. 대신 앞쪽의 다리를 겉뜨기 한 후, 그 코를 왼쪽 바늘에서 빼지 않고 남기고, 그 남긴 고리에 오른쪽 바늘 끝을 넣어 걸러뜹니다.

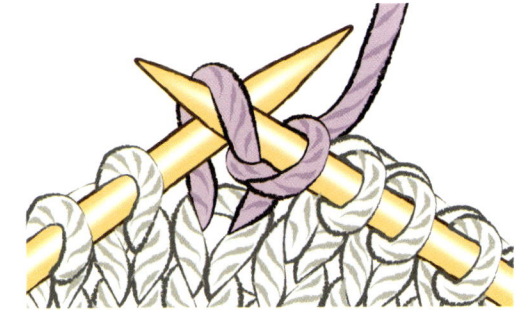

뜨개코가 2중이 된 것처럼 보이지만, 다음 단에서는 각각 독립된 뜨개코로 뜰 수 있습니다.

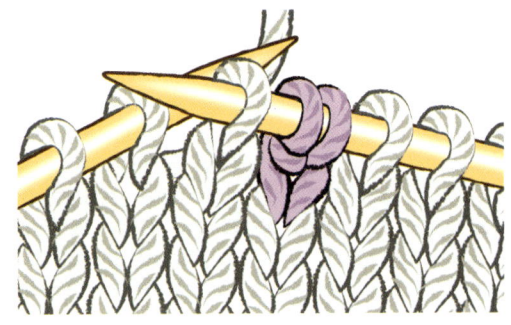

뜨개인들 중에는 이를 쉬운 KFB라고 부르는 사람도 있습니다. 그러나 실제로는 코의 한쪽 다리만 뜨고, 다른 한쪽 다리는 다음 단에서 뜨기 위해 들어 올리고 있기 때문에, 이것은 사실 위장된 코를 들어 올리는 방식의 코늘림입니다. 따라서 코늘림의 마지막 카테고리와 이어집니다.

이전 단의 코를 들어 올려 늘리기 : 가장 눈에 띄지 않는 코늘림

코늘림의 세 번째 카테고리는 이전 단의 코를 들어 올려 늘리는 방법입니다. 이 방식은 가장 눈에 띄지 않는 방법으로, 메리야스뜨기처럼 표면이 매끄러운 편물에서도 잘 숨겨집니다. 한 단 전체에 고르게 늘릴 때 완벽하고, 좌우대칭으로 늘리는 경우에도 효과적이어서, 저는 스웨터의 허리 라인을 잡을 때 자주 사용하지요. 우선 왼코 늘리기(LLI)에 대해 설명해 보겠습니다. 이는 오른쪽 바늘의 아래에서 합니다.

왼코 늘리기
(LLI : left lifted increase)

1. 방금 뜬 코에서 2단 아래 코의 왼쪽 다리에 왼쪽 바늘을 뒤에서 앞으로 넣습니다.

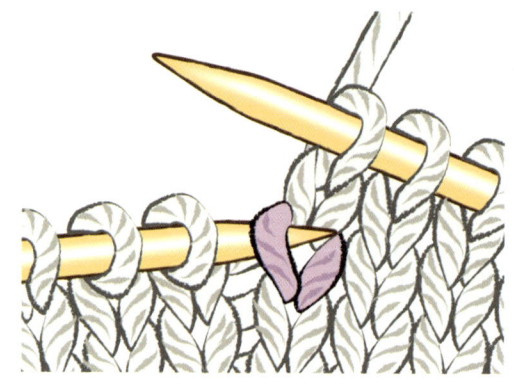

2. 바늘을 넣은 고리를 들어 올려서, 왼쪽 바늘 뒤쪽 다리에 겉뜨기 합니다.

새롭게 생긴 코는 왼쪽으로 기울며, 아래에 구멍이 나 틈이 생기지 않습니다.

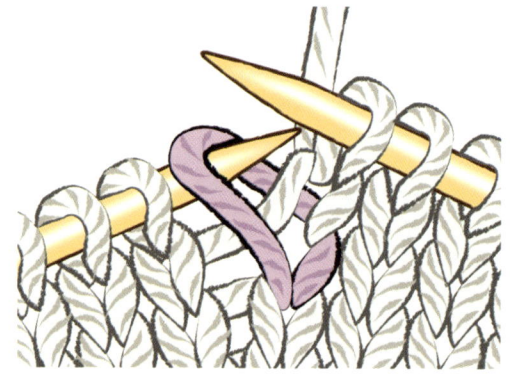

KFS : 이전 단에서 준비해 두는 왼코 늘리기

이제 왼코 늘리기(LLI)의 구조를 알았으니, KFS(knit front slip)와 비교해 봅시다. 이 '안뜨기 없는(no-bar) KFB', 즉 KFS는 두 번째 고리(왼쪽 바늘에 걸린 채로 남아 있는 다리)를 걸러뜸으로써, 그 코의 다리를 들어 올리고 있는 셈입니다. 그 들어 올린 다리를 (다음 단의) 뒷면에서 안뜨기해서 완성되는 코늘림입니다.

왼코 늘리기과 KFS를 나란히 놓고 비교해 보면, 조작하는 단은 다르지만 동일하게 뜬다는 것을 알 수 있어요. 왼코 늘리기(LLI)는 같은 단에서 들어 올려 뜨지만, KFS는 겉면 단에서 들어 올리고 다음 단에서 뜹니다.

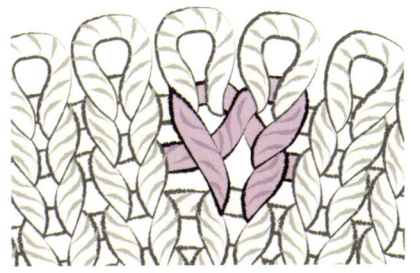

겉면 단에서 들어 올려 완성 :
2단 아래의 겉뜨기 코를 들어 올려,
같은 단에서 겉뜨기하여 완성한다.

겉면 단에서 들어 올리고, 다음 안면 단에서 완성 :
이전 단의 안뜨기 코를 들어 올리고,
다음 단에서 안뜨기하여 완성한다.

한 단 전체에 고르게 늘릴 때 전통적인 LLI가 너무 까다롭게 느껴진다면, KFS가 편리한 대안이 될 수 있습니다.

왼코 늘리기에 이러한 방법을 쓸 수 있다면,
오른코 늘리기에서도 물론 할 수 있겠지요.

오른코 늘리기(RLI = right lifted increase)

우선 전통적인 오른코 늘리기를 설명하면서, 전통적인 왼코 늘리기와의 관계성을 살펴봅시다.

왼코 늘리기는 (오른쪽 바늘에 걸려 있는) 방금 뜬 코에서 2단 아래의 코에 바늘을 넣고 뜹니다. 메리야스뜨기의 평면뜨기에서는, 방금 뜬 코가 3번째 단(겉면의 겉뜨기)이 되고, 이전 단은 2번째 단(뒷면의 안뜨기)이 되고, 코늘림을 떠 넣는 건 거기서 더 이전 단인 1번째 단(겉면의 겉뜨기)이 됩니다.

왼코 늘리기는 2단 아래의 코에 떠 넣는다는 점을 꼭 기억하세요.

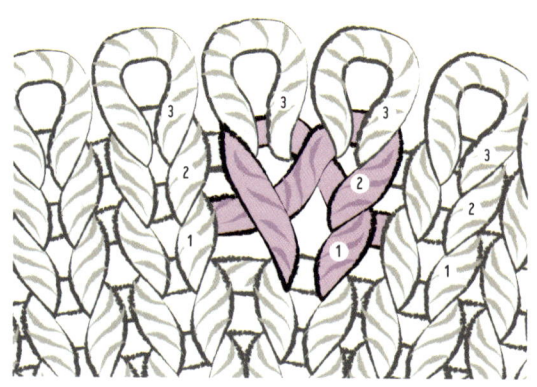

오른코 늘리기는 왼코 늘리기와 같은 단에서 떠 넣는데, 그렇게 느껴지지 않을지도 모릅니다. 왜냐하면 오른코 늘리기에서는 이제부터 뜨려고 하는 (왼쪽 바늘의) 코의 1단 아래의 코에 코늘림을 떠 넣기 때문입니다.

1. 왼쪽 바늘에 걸린 코의 1단 아래 단의 오른 다리에 오른쪽 바늘을 뒤쪽에서 앞쪽을 향해 넣고 들어 올려, 왼쪽 바늘 위에 얹습니다.

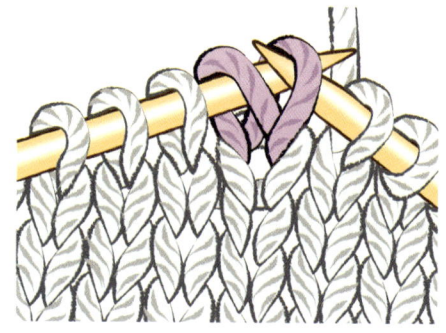

2. 들어 올린 고리의 앞쪽에 겉뜨기합니다.

아까처럼 같은 단의 번호를 넣어보자면, 왼쪽 바늘에는 2번째 단의 코가 걸려 있고, 코늘림은 1번째 단에 떠 넣는 게 되어, 왼쪽 바늘의 2번째 단의 코를 뜨면 3번째 단의 코가 오른쪽 바늘에 걸리게 됩니다.

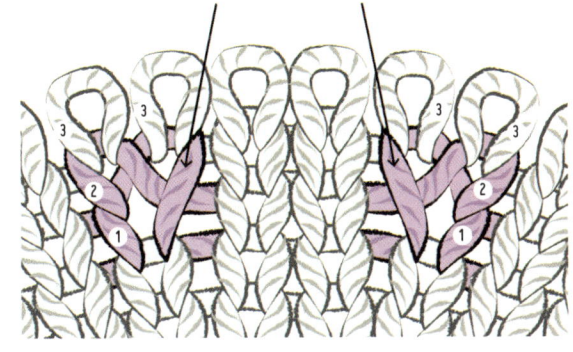

오른코 늘리기(RLI)는 다음에 뜰 코의 한 단 아래에서 한다.

왼코 늘리기(LLI)는 방금 뜬 코의 두 단 아래에서 한다.

눈에 잘 띄지 않고, 아름다운 코늘림이 완성됐습니다

오른코 늘리기 (RLI)

왼코 늘리기 (LLI)

왼코 늘리기와 오른코 늘리기를 외우는 방법

- 왼코 늘리기는 왼쪽 바늘로 코를 들어 올린다.
- 오른코 늘리기는 오른쪽 바늘로 코를 들어 올린다.

PFS : 이전 단에서 준비해 두는 오른코 늘리기

PFS(purl front, slip)를 이용해서도 오른코 늘리기를 만들 수도 있습니다. KFS처럼 바늘 앞쪽 다리에 안뜨기를 하고, 뜨개코를 왼쪽 바늘에서 빼지 않고 남겨둔 채, 그 남긴 고리에 오른쪽 바늘을 넣고 걸러뜹니다.

앞쪽 다리에 안뜨기를 한다.

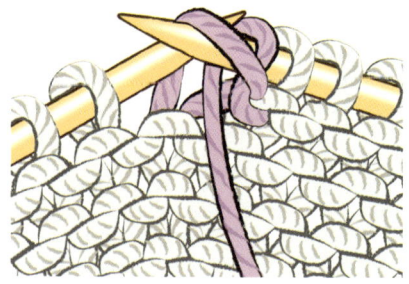

남긴 고리를 오른쪽 바늘에 옮긴다.

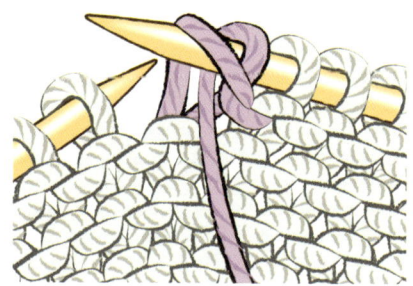

뜨개코가 2중으로 된 것처럼 보이지만, 다음 단에서 각각 독립된 코로 뜨게 됩니다.

앞서 봤던 '이전 단에서 준비해 두는 왼코 늘리기'(KFS)처럼 여기서도 맨 처음 단에서 코를 들어 올리고, 그 들어 올린 코를 다음 단에서 뜹니다. PFS의 코늘림을 겉면에서 보면 오른코 늘리기와의 관계성을 이해할 수 있습니다.

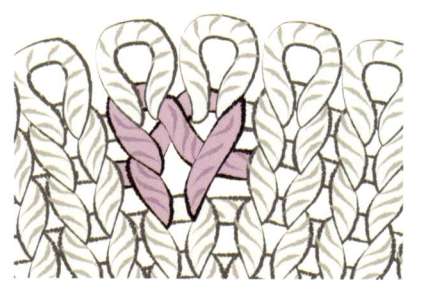

RLI (오른코 늘리기, 겉면 단에서 들어 올려 완성);
이전 단의 겉뜨기 코를 들어 올려, 같은 단에서 겉뜨기하여 완성한다.

PFS (안면 단에서 들어 올리고, 다음 겉면 단에서 완성);
이전 단의 겉뜨기 코를 들어 올리고, 다음 겉면 단에서 겉뜨기하여 완성한다.

같은 결과에 도달하는 두 가지 방법을 찾아내는 것은
아주 멋진 일입니다. 하지만 PFS의 실용적인 용도는 무엇일까요?
그건 바로 단의 시작에서 두 가지 코늘림을 모두 할 수 있다는 점이지요!

긴 단의 양쪽 끝에서 좌우대칭이 되도록 쌍으로 코늘림을 할 때, 단의 시작에서는 코늘림을 했지만, 그 사이에 200코를 뜬 뒤에는 끝에서 코늘림을 하는 걸 잊어버릴 때가 있습니다. 대개 단의 시작 부분에서 무언가를 해야 할 때는 더 기억하기 쉬운 법이죠. 따라서 한 단의 시작과 끝에서 각각 코늘림 하는 대신, 2단에 걸쳐 시작 부분에서만 코늘림을 하여 대칭적인 모양을 만드는 방식으로 작업할 수 있습니다.

예를 들어 스웨터의 등판을 뜨고 있고, 양쪽 끝에서 코늘림을 한다고 가정해 봅시다. 이 경우, 단 끝에서 두 번째 코늘림을 해야 한다는 것을 굳이 기억할 필요 없이, 연속된 두 단의 시작 부분에서 각각 코늘림을 하면 됩니다. 도안에 "8단마다 코늘림"이라고 되어 있다면, 7번째 단의 시작 부분에서 PFS를 하고 나서 단 끝까지 뜨세요. 그런 다음 8번째 단의 시작에서 전통적인 왼코 늘리기(LLI)를 하면, 같은 단에서 좌우 코늘림을 한 셈이 됩니다.

코의 구조를 깊이 파고드는 건 우리의 뜨개 기술을 향상시킬 수 있는 훌륭한 방법입니다. 같은 코를 여러 가지 방식으로 만들 수 있다는 사실을 발견하는 것도 재미있고요. 뜨개 도구함에 더 많은 기술을 추가해두면, 상황에 맞게 가장 적절한 기술을 언제든 꺼내 쓸 수 있게 됩니다!

지금까지 소개한 코늘림과 코줄임을 직접 시도해 보고,
어떤 방식이 마음에 드는지 알아보세요.
그리고 필요할 때마다 꺼내 써 보세요.

Words of Wisdom

—

DID YOU MAKE A MISTAKE...

OR **DID YOU INVENT A NEW STITCH?**

실수한 걸까요… 아니면 새로운 코를 발명한 걸까요?

CHAPTER 6 — 골치 아픈 문제와 비밀스러운 해결책들

정답을 찾지 말고, 더 나은 방법을 찾아라

어릴 적 저는 "왜요?"라는 질문에 "그냥 그래" 혹은 더 나쁘게는 "내가 그렇다면 그런 줄 알아"라는 대답이 돌아오면 받아들이기가 힘들었어요. 뜨개를 배울 때도 처음에는 시키는 대로 편물을 떴지만, 그건 오래가지 않았습니다. 곧 저는 "왜 그렇게 해야 하지?" 또는 때때로 "굳이 그렇게 안 하면 안 되나?" 같은 생각을 하기 시작했죠. 이 장에서는 바로 그 '왜?'와 '왜 안 되는데?'를 함께 탐구해보려 합니다.

뜨개를 갓 시작한 여러분은 '원래 그런 거니까'라는 말과 함께, '반드시 이렇게 해야 해' 혹은 '절대로 그렇게 하면 안 돼'라는 말을 종종 듣게 됩니다. 하지만 저는 여러분께 이렇게 말하고 싶어요. 뜨개에서도, 인생에서도 '반드시'나 '절대'라는 상황은 거의 없다고요.

─────── 새 실 잇기: 상상 이상으로 방법이 많다! ───────

실 잇기에 관해 '반드시' 지켜야 할 두 가지 규칙을 배웠지만, 둘 다 저한테는 별로 도움이 되지 않았어요. 그중 하나는 '실 잇기는 반드시 단의 시작에서 할 것', 그리고 또 하나는 '실 잇기를 할 때는 반드시 두 실을 매듭지을 것'이었습니다.

새 실을 어디에서 연결할지는 프로젝트의 종류에 따라 달라집니다. 만약 스카프나 숄처럼 가장자리가 그대로 드러나는 작품이라면, 단의 중간에서 새 실을 연결하는 것이 좋습니다. 그래야 가장자리가 깔끔하게 유지되거든요. 반면, 스웨터처럼 나중에 솔기가 들어갈 작품이라면 단의 시작 부분에서 연결하는 것이 좋습니다. 그런 경우에는 실 끝을 솔기 안으로 깔끔하게 숨길 수 있으니까요.

하지만 문제는, 단 중간에서 매듭을 지으면 그 매듭을 작품의 뒷면에 고정시키기가 어렵다는 점입니다. 매듭이 앞으로 삐져나올 수 있는데, 그러면 보기 좋지 않죠. 단의 시작 부분에서 매듭을 짓는 건 괜찮을 수도 있지만, 매듭은 종종 '괜찮겠지'라는 잘못된 안심을 불러오기도 합니다. 저는 제 첫 스웨터를 뜰 때, 배운 대로 새 실과 기존 실을 묶고 그냥 계속 떴습니다. 그런데 그 스웨터를 한동안 입고 다니다 보니 매듭이 풀려 버렸고, 결국 솔기 부분에 구멍이 생기고 말았어요. 이 슬픈 이야기의 교훈은 이겁니다. 단의 시작 부분에서 매듭을 짓겠다면 실 끝을 충분히 길게 남기세요. 작업이 끝난 뒤에는 그 매듭을 풀고 실 끝을 교차시킨 다음, 깔끔하게 숨겨 마무리할 수 있습니다. 아니면 제가 즐겨 쓰는 (게으르지만 효과적인) 방법들을 한번 써보셔도 좋고요.

단의 중간 : 2겹으로 뜨기

1. 뜨던 실을 적어도 15cm 남기고, 새로운 실타래의 꼬리를 여유 있게 잡아 오른쪽 바늘에 걸어서(실 꼬리는 앞쪽으로), 새 실타래가 기존 실 꼬리와 겹치도록 합니다.

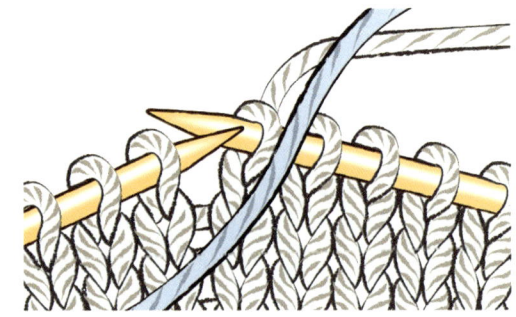

2. 새 실과 뜨던 실의 꼬리를 함께 잡고 2코를 겹쳐서 뜹니다. 이렇게만 하면 됩니다. 새로운 실의 꼬리는 뒤쪽으로 늘어뜨리고, 뜨던 실의 꼬리는 손에서 놓은 후, 새로운 실만으로 계속 떠나가면 됩니다.

이 방법을 들은 대다수는 '(2코만 하지 말고) 4~6코까지 두 줄로 뜨는 게 좋지 않아?'라고 생각할지도 모르지만, 제가 장담합니다. 2코면 충분합니다. 다음 단에서 2겹으로 뜬 코를 뜰 때는 그냥 1코로 떠주고, 두 실 꼬리를 살짝 당겨 단단히 조여주면 됩니다.

> **팁 :** 만약 겉뜨기와 안뜨기를 조합한 무늬를 뜨고 있다면, 안면에서 안뜨기로 뜨게 될 코를 2겹의 실로 뜨세요. 이렇게 하면 2겹으로 된 코머리가 편물의 뒷면에 위치하게 됩니다.

단의 시작 : 꼬리실 고정하기

물론 단의 시작에서 새로운 실을 이어 떠도 좋습니다. 그러나 이 경우, 느슨한 첫 코가 거슬리는 사람들도 있습니다. 이 작은 요령은 단의 시작을 깔끔하게 만들어 주며, 줄무늬 스카프나 숄에 딱 알맞은 방법입니다.

1. 새 실을 기존 실 아래에 놓되, 새 실의 실 끝이 오른쪽을 향하도록 합니다. 기존 실의 실 끝은 왼쪽 바늘 뒤쪽에 단단히 고정해서 잡습니다.

2. 새 실로 1코를 겉뜨기합니다.

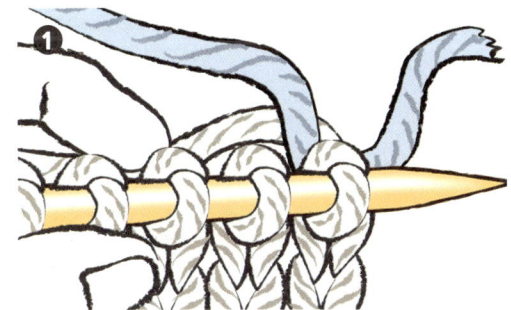

3. 여전히 기존 실의 실 끝을 왼쪽 바늘 뒤에 고정한 채로, 새 실의 실 꼬리를 들어 올려 새 실과 함께 겹쳐 잡습니다. 이때 기존 실이 새 실 두 가닥 사이에 끼이도록 합니다. 겹쳐 잡은 새 실로 2번째 코를 겉뜨기하고, 기존 실의 실 끝은 놓아줍니다.

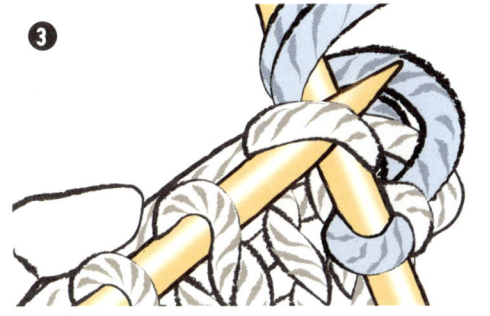

다음 단에서 2겹으로 뜬 코는 1코로 뜹니다.

이 기술의 큰 장점 중 하나는, 줄무늬를 뜨고 있다가 첫 번째 색으로 다시 돌아올 때, 이 잇기 방식이 원래 색 실을 작품의 옆면을 따라 자연스럽게 끌어올려 준다는 것입니다.

이제부터는 그냥 계속 뜨면 됩니다.
실 끝은 나중에 정리해도 되고,
뜨는 동안 함께 떠서 감춰도 됩니다.

꼬리실 함께 뜨기 : 게으른 뜨개인의 최고의 친구

작업을 마무리하고 코를 막은 다음, 손뼉을 치며 "아, 이제 실을 정리할 수 있어서 너무 신나!"라고 외치는 뜨개인을 본 적 있나요? 예, 저도 없어요. 그래서 조심스럽게 이 대안을 소개합니다.

꼬리실을 뜨면서 감추는 방법은 페어 아일(Fair Isle) 뜨기에서 뜨지 않는 실을 고정하는 방식과 동일합니다. 물론 양손을 사용하는 고급 기법도 있지만, 그건 나중에 다룰게요. 우선은 가장 간단한 방식부터 살펴봅시다. 그건 바로 코를 하나 뜰 때마다 꼬리실을 작업 중인 실 아래와 위로 번갈아 교차시키는 것입니다. 이 방법은 작업실을 오른손에 들든, 왼손에 들든 상관없이 사용할 수 있어요.

방법 #1:
꼬리실 함께 뜨기 : 한 손만 사용

1. 코에 바늘을 넣은 다음, 꼬리실을 작업실 아래에서 위로 옮기고 실 끝이 오른쪽에 오도록 합니다. 그 상태로 다음 코를 뜹니다. 이제 꼬리실은 작업실 위에 놓이게 됩니다.

2. 다음 코에 바늘을 넣은 다음, 꼬리실을 작업실 위로 옮기고 실 끝이 왼쪽에 오도록 합니다. 그 상태로 다음 코를 뜹니다. 이제 꼬리실은 작업실 아래에 놓이게 됩니다.

위의 1~ 2단계를 몇 센티미터 반복합니다.

이제 꼬리실을 함께 뜨는 동작을 알게 됐으니 한 단계 더 업그레이드해서 양손으로 해봅시다!

방법 #2:

꼬리실 함께 뜨기 :
미국식(English)

작업실은 오른손에, 꼬리실은 왼손에 잡습니다.

1. 코에 바늘을 넣고, 꼬리실을 오른쪽 바늘 끝 위로 오른쪽에서 왼쪽으로 걸칩니다.

2. 겉뜨기를 하기 위해 실을 겁니다. 이때 작업실은 꼬리실의 아래를 지나갑니다. 작업실을 잡아당기는 동시에 꼬리실을 왼쪽 바늘 끝에서 빼서 작업실과 교차시킵니다. 꼬리실은 작업실 위에 오게 됩니다.

3. 꼬리실을 움직이지 않고, 다음 코를 뜹니다. 꼬리실은 작업실 아래에 오게 됩니다.

위의 1~3단계를 몇 센티미터 반복합니다.

방법 #3:
꼬리실 함께 뜨기 :
프랑스식(Continental)

작업실은 왼손에, 꼬리실은 오른손에 잡습니다. 미국식 뜨개법처럼 오른손으로 꼬리실을 걸면서 뜹니다.

1. 코에 바늘을 넣고, 꼬리실을 오른쪽 바늘에 (걷뜨기하듯이) 아래에서 위로 감습니다.

2. 겉뜨기하듯이 (아래에서 위로) 작업실을 오른쪽 바늘 끝에 감습니다.

3. 꼬리실을 오른쪽 바늘 끝의 아래로 이동시켜 뺍니다. 꼬리실은 작업실의 위에 오게 됩니다.

4. 바늘을 넣은 코에서 작업실을 끌어내어 뜨개코를 완성합니다. 꼬리실을 움직이지 않고 다음 코를 뜹니다. 꼬리실은 작업실의 아래에 오게 됩니다.

위의 1~4단계를 몇 센티미터 반복합니다.

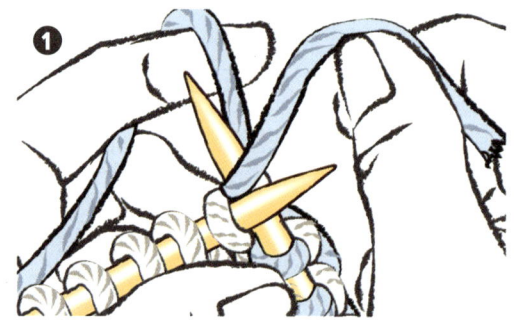

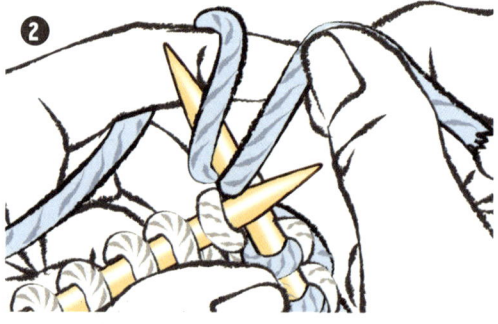

꼬리실을 손으로 움직여도, 두 손을 사용해서 떠도 둘 다 같은 동작이 됩니다. 뜨면서 꼬리실을 안뜨기의 울퉁불퉁한 부분 사이로 위아래로 엮고 있는 거죠. 실을 느슨하게 당기면서 한 단을 다 뜨면, 편물 사이에서 꼬리실이 튀어나오지 않았는지 겉면에서 확인합니다. 만약에 튀어나와 있다면 꼬리실을 살짝 당기면 자연스럽게 뒷면으로 사라질 것입니다.

꼬리실을 함께 뜨기

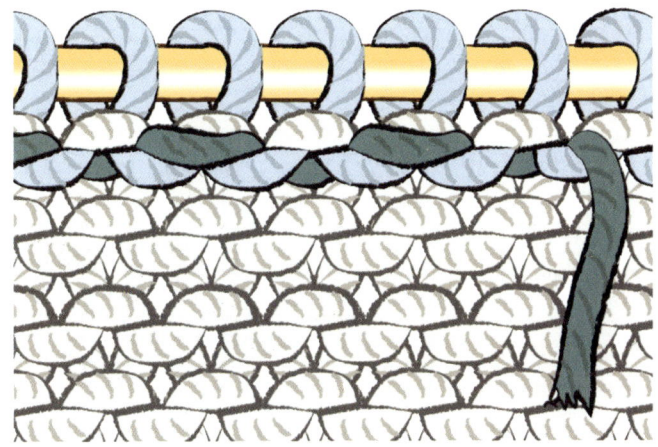

팁 : 실이 다 떨어지기 전에, 한 줄을 완성할 만큼 충분한 길이가 있는지 미리 측정하세요. 실이 충분히 남아 있을 때, 편물의 폭만큼 실을 네 번 감고 작은 매듭을 지으세요. 다음 단을 뜨면서 매듭에 닿는지 확인하면, 한 단을 완성하는 데 필요한 실 길이를 알 수 있습니다.

펠팅 매직 : 보세요, 꼬리실이 없어졌어요!

제가 좋아하는 실 잇기 방법 중 하나는 정리해야 할 꼬리실이 전혀 발생하지 않습니다. 스핏 스플라이스(spit splice, 침을 발라 사용하는 실 잇기)라고 하지요. 이 방법은 슈퍼 워시 가공이 되지 않은 동물성 섬유에 사용할 수 있어요. 실 끝에 침을 조금 묻히고, 손바닥 사이에서 문질러 서로 펠팅시키는 방식입니다. 침을 사용하는 게 불편하다면 따뜻한 물을 사용할 수도 있지만, 솔직히 예전 방식처럼 침을 바르는 편이 더 효과적이라고 봐요.

많은 뜨개인들은 이렇게 실을 잇는 법을 친숙하게 여기고 있고, 단색 실이라면 단의 중간에라도 위치를 따지지 않고 쓸 수 있습니다. 그런데 줄무늬 작품에서 줄의 시작 부분에서 색을 바로 바꾸는 데도 이 방법을 사용할 수 있다는 사실, 알고 계셨나요? 방법은 다음과 같습니다.

1. 현재 색상의 마지막 단의 끝까지 뜹니다. 꼬리실을 2.5cm 정도 남겨두고 실을 끊습니다. 편물은 뒤집지 않습니다.

2. 빈 바늘을 왼손에 들고, 남은 2.5cm 정도의 꼬리실을 빈 바늘 끝에 갖다 댄 채로 함께 쥡니다. 이 왼쪽 바늘을 오른쪽 바늘에 걸린 코의 한 단 아래의 코에 앞쪽에서 뒤쪽으로 통과시키면서, 뜨개가 끝난 코를 8~10코 정도 풉니다. 왼쪽 바늘이 실이 빠져나오는 자리로 들어간다면, 아랫단 코에 제대로 넣은 것이 됩니다. 실을 잡아당겨서 기존의 코를 풀고, 그 코를 왼쪽 바늘로 옮깁니다.

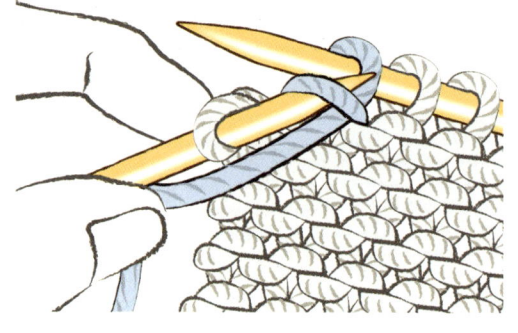

3. 뜨던 실과 이어서 뜰 새로운 실의 꼬임을 각각 5cm 정도 풀고, 각 실에서 일부 가닥을 잘라냅니다. 풀어진 부분의 중간 즈음에서 두 실을 교차시킵니다.

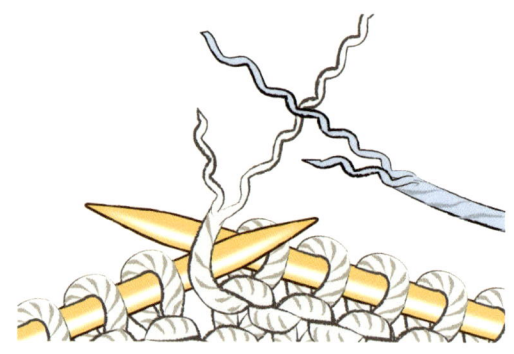

4. 각 색상의 풀린 끝부분을 서로 맞대어 접어, 끝이 맞물리도록 합니다. 일부 가닥을 잘라내고 약 2.5cm 정도 겹치게 하면, 연결 부위가 두꺼워지는 것을 피할 수 있습니다.

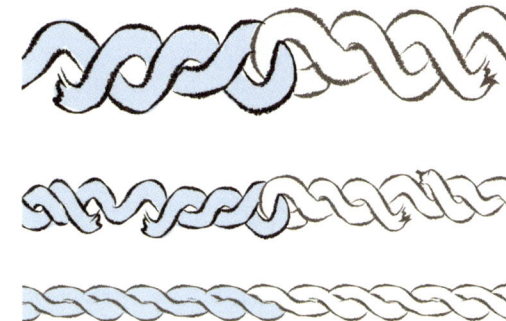

5. 각 색상을 접은 부분을 약간 적신 뒤, 서로 달라붙을 정도로 손가락 사이에 굴려줍니다. 그런 다음 이 연결 부위를 손바닥 위에 올리고, 약간의 '마법의 침'을 더한 뒤 손바닥을 서로 문질러 열이 느껴질 때까지 비빕니다. 끝부분을 살짝 잡아당겨 연결이 단단한지 확인합니다.

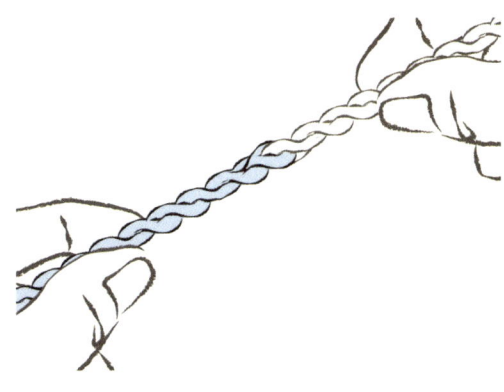

이음매가 마른 뒤 아까 풀어냈던 부분을 다시 뜨면, 다음 단의 시작에서 실 색이 마법처럼 바뀌는 걸 볼 수 있을 거예요.

첫 코 고치기 : 실의 흐름이 방해받고 있다.

단의 시작에서 맨 첫 코가 늘어나 커지는 일을 여러분도 경험해 봤을 것입니다. 수년 전, 더 숙련된 뜨개 선배들은 그냥 신경 쓰지 말라고 하거나 "원래 그런 거야"라고 말했어요. 바늘에 걸린 실을 힘껏 잡아당겨 봤지만 소용없었습니다. 첫 코를 바늘 끝으로 떠봐도 역시 소용이 없었지요. 코를 만든 후에 실을 당겨도 봤지만, 이전 단의 코를 끌어올릴 뿐이라 상황은 더 악화했습니다.

어느 날, 원형뜨기를 하다가 문득 좋은 생각이 났어요. 평면뜨기에서 문제가 되는 것은 첫 코가 아니라, 바로 그 아래 단의 마지막 코였습니다. 거기서 실의 흐름이 끊기는 게 원인이었습니다.

뜨개라는 동작에는 자연히 직전의 코를 당겨 조이는 성질이 있다는 것을 기억하시나요? 한 동작 SSK(오른코 겹치기)에서도 언급했지요. 평면뜨기에서는 단을 마친 후 편물을 뒤집으면, 해당 코 옆에 다른 코가 존재하지 않습니다. 다음 코는 그 위에서 뜨기 때문에, 아래의 코를 당겨 조이기 위한 움직임이 필요하게 됩니다.

프랑스식(Continental) : 코를 들어 올리는 방식

이 동작은 작업 중인 실을 왼손에 들고 있을 때 자연스럽게 느껴집니다.

1. 첫 코는 평소처럼 뜨고, 방금 오른쪽 바늘에 만든 코를 손가락으로 누릅니다.

2. 오른쪽 바늘의 코를 누른 채 바늘을 들어 올리면, 바늘에 걸린 코가 커지면서 이전 단의 느슨함이 해소됩니다.

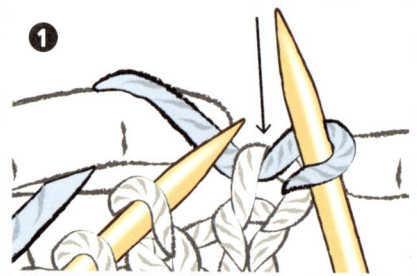

3. 작업실이 걸린 왼쪽 집게손가락을 바깥쪽으로 당겨 빼면, 이번에는 오른쪽 바늘에 걸린 첫 코의 느슨함이 해소됩니다. 그대로 단을 마저 이어 뜹니다.

방금 뜬 코를 위로 잡아당기면, 앞서 했던 한 동작 SSK의 동작을 그대로 따라 하게 됩니다. 이 동작을 단마다 반복하면, 단정하고 깔끔한 가장자리를 만들 수 있습니다.

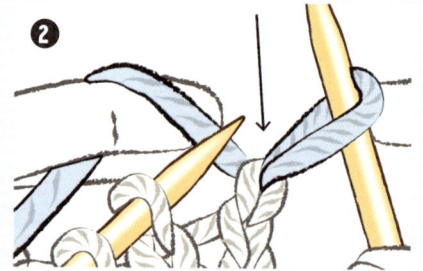

미국식(English) : 도르래 방식

이 동작은 작업 중인 실을 오른손에 들고 있을 때 매우 효과적입니다.

1. 첫 코를 뜬 다음 두 번째 코에 바늘을 넣되, 아직 뜨지 않습니다.

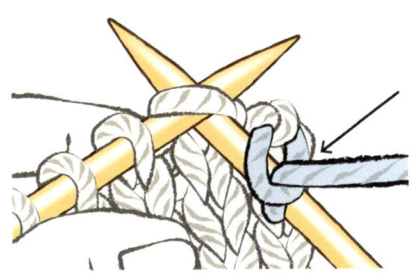

2. 작업실을 잡아당기면, 이전 단의 코가 마법처럼 당겨 조여지는 게 보입니다!

서로 맞댄 바늘은 도르래처럼 작용하여, 작업실이 오른쪽 바늘 둘레를 돌아가면서, 아래 코의 느슨함을 없애줍니다.

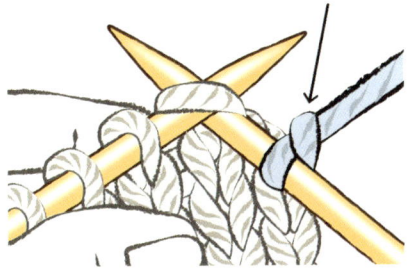

DPN(양쪽 막대바늘) : 사다리 모양의 가로줄을 막는다.

보너스! 이 기법은 장갑 바늘로 원형뜨기를 하면서 생기는 사다리 모양의 가로줄을 막아줍니다. 이 가로줄의 정체는 바늘을 다음 바늘로 바꿔 잡았을 때 바늘 사이에 걸쳐진 느슨한 실을 말합니다. 평면뜨기에서 첫 코의 느슨함을 조일 때와 같은 방법으로, 이 실의 느슨함도 조일 수 있습니다.

장갑 바늘로 뜨개를 해본 적이 있다면 알겠지만, '가로줄을 막기 위해서는 첫 코를 빡빡하게 뜬다'라는 조언만큼 효과가 없는 것도 없습니다. 바꿔 잡은 바늘로 첫 코를 뜨고, 두 번째 코에 바늘을 넣은 다음, 이 타이밍에 실을 당깁니다. 평면뜨기에서 이전 단의 느슨함을 조이는 것과 마찬가지로, 사다리 모양의 가로줄이 사라질 것입니다.

원형뜨기로 넘어가 볼까요…

원형뜨기 : 돌아라, 돌아라

원형뜨기는 다양한 프로젝트에 매우 유용하지만, 솔직히 말해 때로는 네모난 말뚝을 둥근 구멍에 끼워 넣는 것 같은 기분이 들기도 합니다. 그렇다고 너무 스트레스 받을 필요는 없습니다. 원형 뜨기를 더 잘할 수 있도록 도와줄 다양한 방법들이 있으니까요. 이제 제가 좋아하는 몇 가지 원형뜨기 요령 또는 팁을 소개하겠습니다.

스와치 뜨기 : 게으른 방법

원형뜨기로 작품을 만들 때는 게이지도 원형으로 측정해야 합니다. 그 골칫덩이 안뜨기가 문제의 원인입니다. 평면에서 메리야스 뜨기를 할 때는 한 단은 겉뜨기, 다음 단은 안뜨기를 하게 됩니다. 하지만 원형으로 메리야스를 뜰 때는 계속 겉뜨기만 하게 되죠. 겉뜨기와 안뜨기의 손땀이 달라지는 수많은 뜨개인들에게는, 원형 게이지와 평면 게이지가 다를 수밖에 없습니다.

엘리자베스 짐머만을 정말 좋아하지만, 그녀가 제안한 원형 게이지 측정 방법, "그냥 모자를 하나 떠라"는 제게 크게 와닿지 않았습니다. 결국 사람이 필요한 모자의 수는 한정되어 있으니까요. 저는 '스피드 스와치'라는 방법을 선호하는데, 이것은 줄바늘로 안뜨기 없이 평면으로 게이지를 측정할 수 있게 해주는 기발한 요령입니다.

스피드 스와치는 오직 겉뜨기 단만 떠서 원형 뜨기를 시뮬레이션하는 방식입니다. 한 단을 다 뜬 후에 편물을 뒤집는 대신, 줄바늘의 반대쪽으로 편물을 밀고, 실을 뒤쪽으로 넘긴 상태에서 또 다른 겉뜨기 단을 뜹니다.

전통적인 스피드 스와치는 가장자리의 코가 매우 느슨하게 남기 때문에, 게이지를 정확히 측정하기 위해서는 넉넉히 시작코를 만들어 한가운데서 게이지를 재야 합니다. 하지만 지금부터 소개하는 방식은 훨씬 더 간단하고 깔끔합니다.

우선 스와치를 위한 충분한 코를 잡은 뒤, 한 단을 겉뜨기합니다.

1. 줄바늘의 반대쪽으로 편물을 밉니다. 작업실은 스와치의 왼쪽 끝에서 나오게 됩니다.

2. 스와치 폭의 5배 길이의 작업실을 꺼내둡니다. 이 길이는 한 단을 뜨는 데 필요한 길이에 여유분을 둔 길이입니다.

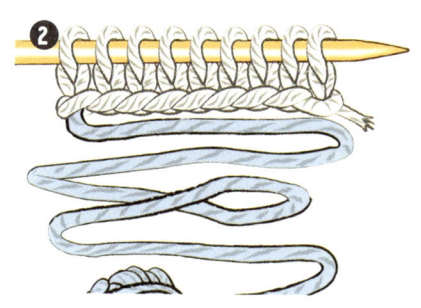

3. 방금 측정한 실 끝을 잡고, 그 실을 스와치 뒤쪽으로 넘겨 놓습니다. 실 끝을 왼쪽 바늘 끝에 고정한 채로 뒤쪽에 큰 고리가 생기도록 합니다. 이 고리는 아직 뜨기에 사용하지 않을 것입니다.

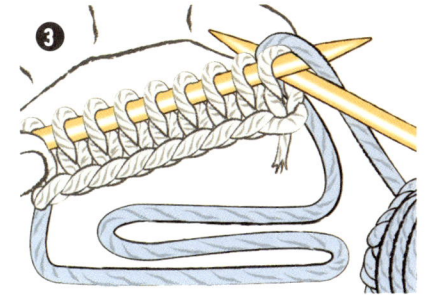

4. 왼쪽 바늘 뒤로 넘긴 고리를 계속 잡고 있으면서, 실타래에서 나오는 실로 단의 첫 두 코를 꼬아뜨기합니다. 패턴에 따라 단을 뜨다가 마지막 두 코에 다다르면, 그 두 코 역시 꼬아뜨기로 가장자리를 정돈합니다. 마지막으로 뜨는 코는 편물의 뒤쪽에 남겨둔 큰 고리와 이어져 있어 느슨하게 느껴질 수 있습니다. 고리를 부드럽게 당겨 마지막 코를 조여줍니다.

5. 여기서 편물을 줄바늘의 반대쪽으로 밉니다. 이제 다음 단은 편물 뒤쪽에 남겨둔 실로 뜹니다.

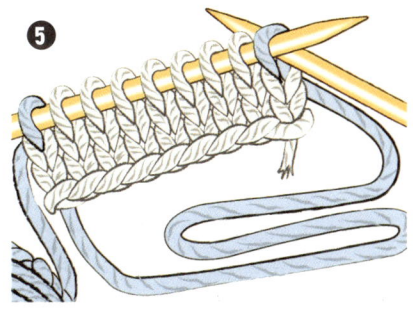

위의 1~5단계까지 순서를 반복합니다. 처음 두 코와 마지막 두 코를 꼬아뜨기하고, 한 단은 실타래에서 뜨고, 다음 단은 남겨둔 실로 뜨는 방식을 번갈아 가며 하면 깔끔하고 정돈된 스와치를 만들 수 있습니다. 2단마다 스와치 왼쪽에 작은 실 고리가 생깁니다. 마법처럼, 매 단을 겉뜨기로 떠서 평면 메리야스 뜨기를 재현한 셈입니다!

원형뜨기 잇기 : 나선형의 단차를 매끄럽게

원형으로 뜨는 것은 사실 나선형으로 뜨는 것과 같습니다. 한 단을 다 뜨고 마지막 코를 첫 코에 잇는 게 아니라, 그 위의 코를 뜨는 거지요. 그래서 원형으로 이을 때 미묘하게 단차가 생깁니다. 네, 바로 그 슬링키(Slinky)의 가장자리처럼요(슬링키를 아세요? 아주 재미있는 장난감이지요. 검색해 보세요). 연결 부분에 '홈'이 생기는 경우도 적지 않습니다. 이번에 소개할 방법으로는 이 두 문제를 모두 해결할 수 있습니다.

1. 코를 잡을 때는 도안에 표시된 것보다 한 코를 더 집습니다. 시작코의 1번째 코를 왼쪽 바늘에서 오른쪽 바늘로 옮기고, 단의 경계를 표시하는 마커를 끼웁니다. 실은 오른쪽 바늘의 2번째 코에 연결된 상태입니다.

2. 왼쪽 바늘의 1번째 코를 떠서 원으로 잇습니다(이 코는 시작코의 2번째 코에 해당합니다). 오른쪽 바늘로 옮긴 코는 뜨지 않기 때문에 그 뒤로 실이 걸쳐집니다.

3. 이제 도안대로 단의 경계에 있는 마커의 2코 앞까지 뜨고, 이 2코를 왼코겹치기 합니다.

짜잔! 단차가 사라지고, 이음매도 거의 보이지 않게 됩니다.

단차 있는 연결

단차 없는 연결

슬픈 줄무늬에서 기쁜 줄무늬로

줄무늬만큼 원형뜨기의 나선형 구조가 현저히 드러나는 것은 없습니다. 그러나 두려워할 필요는 없습니다. 줄무늬의 단차를 매끄럽게 만드는 방법이 있습니다. 어떤 방법을 쓸지는 무늬의 종류나 줄무늬의 단수에 따라 결정됩니다.

수정 #1:
안뜨기로 한 단을 뜰 때 : 수고를 들이지 않는 방법

가끔은 안뜨기를 한 단 떠서 두 종류의 무늬뜨기를 구분 짓거나, 줄무늬에 포인트를 줄 때가 있습니다. 1장에서 배웠던 것을 다시 떠올려 보세요. 안뜨기를 하면 1단 아래의 뜨개코의 머리(여기서는 색상)가 편물의 겉면에 나타납니다. 즉, 안뜨기 단에서 새로운 색을 시작하면 한 번에 두 가지 색이 나타나는 효과를 얻을 수 있습니다. 보기에도 좋지만, 다만 다음 단을 겉뜨기하면 안뜨기 매듭이 더 이상 이어지지 않아 단차가 생기고 맙니다.

파란색 줄무늬 (메리야스뜨기)를 시작하는 부분에 단차가 생긴다.

흰색 줄무늬 (안뜨기)를 시작하는 부분에 단차가 생긴다.

이 단차의 시작을 해결하기 위해서 첫 코를 뜨지 않는 눈속임을 할 것입니다. 코의 착각을 이용하는 것이지요. 한 단을 안뜨기로 완전히 뜬 후, 단 시작 마커를 오른쪽 바늘로 옮기고, 첫 코를 안뜨기하듯 오른쪽 바늘로 걸러뜨고 나서, 그대로 계속 뜨기만 하면 됩니다. 그게 전부입니다! 익숙하게 느껴지시나요? 맞습니다, 앞에서 본 단차 없는 원형뜨기 방법과 똑같습니다.

이 사소한 방법은 안뜨기 단의 첫 코를 건너뛰기 때문에, 그 코를 두 번째 단에서야 뜨게 됩니다. 즉, 다음 단에서는 한 단 아래의 코를 뜨게 되는 것이지요.

전체가 메리야스뜨기일 경우에는
더욱 좋은 방법으로 이를 실현할 수 있습니다.

수정 #2:
2단 이상의 메리야스뜨기 줄무늬 : 깊이 파 내려간다!

2단 이상의 메리야스뜨기 줄무늬의 경우, 이전 단의 코를 떠서 단차를 해결할 수 있습니다. 이 멋진 방법은 메그 스완슨이 '재발명(Unvention)'한 것입니다. 앞 페이지의 사진에서는 흰색과 파란색의 줄무늬를 뜨기 시작하는 부분에 같은 모양의 단차를 볼 수 있지요.

2단 줄무늬에서는 편물이 울어 보이는 것을 방지하기 위해, 줄무늬마다 단 경계의 마커를 한 코씩 다음과 같이 이동시킵니다.

바꾼 색으로 한 단을 겉뜨기하는 것부터 시작합니다.

1. 단의 끝에 이르면 마커를 빼고, 이전 색의 코를 들어 올려 여기에 오른쪽 바늘을 뒤에서 앞쪽으로 넣고 왼쪽 바늘 끝에 얹습니다.

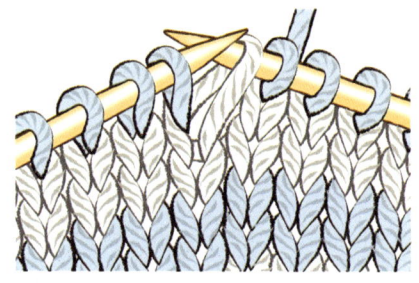

2. 단의 첫 코와 이전 단에서 들어 올린 코를 함께 뜹니다.

단 경계의 마커를 다시 끼웁니다. 마커를 1코 이동한 것이 됩니다. 이제 새 색상의 두 번째 단 끝까지 계속 겉뜨기를 해줍니다.

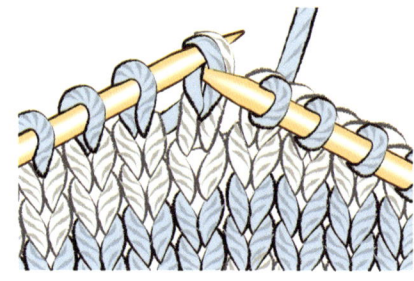

이제 새로운 줄무늬 색상으로 계속 원형 작업을 하거나, 다른 색상으로 바꿔 여러 단짜리 줄무늬를 만들 수 있습니다. 색을 바꿀 때마다 순서 1과 2를 반복하면 단차가 없는 아름다운 줄무늬를 뜰 수 있어요.

흰색 안뜨기 단과 파란색 겉뜨기 단 시작 부분의 단차가 얼마나 매끄럽게 해결되었는지 확인해 보십시오.

······ 단차 없는 파란색 줄무늬
(메리야스뜨기)

······ 단차 없는 흰색 줄무늬
(안뜨기)

팁 : 새 색상의 두 번째 단에서 이전 단의 코를 뜨기만 하면 됩니다. 줄무늬를 3단 이상으로 뜰 경우, 추가 단들은 평소대로 뜨면 됩니다. 다음 줄무늬로 전환하기 전에, 항상 이전 색상의 코 크기를 조절해 주세요.

1단 줄무늬 : 원 닫기

두세 가지 색을 번갈아 가며 전체 작품을 뜰 때는 특별한 기법이 있습니다. 하지만 바탕색 속에 한 두 단짜리 줄무늬를 넣고 싶을 때는 어떻게 할까요?

한 단짜리 줄무늬로 색을 바꿀 때 줄무늬 아래 단을 뜨는 것도 가능하지만, 그럴 경우 두 단짜리 줄무늬처럼 단차가 완전히 숨겨지지 않고 작은 단차가 남게 됩니다. 실이 굵으면 굵을수록 단차가 눈에 띄지요. 색을 바꿀 때마다 이전 색상의 첫 코를 걸러뜨는 방법도 쓸 수 있지만, 줄무늬가 여러 개일 경우 단 경계의 마커가 매 단마다 한 코씩 옮겨져 모양이 흐트러질 수 있습니다. 그리고 뒷면에서 실이 걸치면서 두께가 발생하지요.

다음에 소개할 작은 '재발명'은 어떤 줄무늬에서도 단차가 생기지 않고, 실을 걸치는 것도, 마커를 옮길 필요도 없는 완전한 원으로 이어집니다. 마치 이미 완성된 원을 편물 한가운데 끼워 넣은 것처럼요.

1. 이전 색의 코를 몇 코 정도 한쪽 바늘에서 또 다른 한쪽 바늘로 옮겨, 시작 마커와의 간격을 벌립니다.

2. 새로운 색을 꼬리실이 길게 남도록 연결하여 한 단을 뜹니다. 이때 꼬리실은 함께 뜨지 마십시오. (참고 : 새로운 색의 시작 위치는 이전 색의 시작 위치와 달라집니다.)

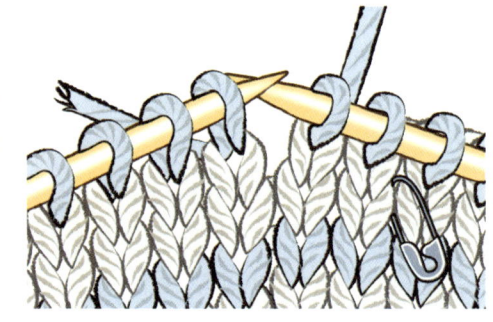

3. 새 색상의 첫 코를 겉뜨기 방향으로 왼쪽 바늘에서 오른쪽 바늘로 넘깁니다. 이렇게 하면 코의 방향이 뒤집히게 됩니다.

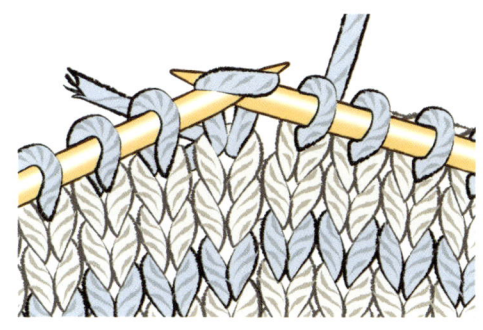

4. 걸러뜬 코의 아래 단 코에 왼쪽 바늘 끝을 뒤쪽에서 앞쪽으로 넣습니다.

5. 작업실을 꼬리실 아래로 교차시켜, 이전 단의 코에 이스턴식(실을 위에서 걸어서)으로 겉뜨기합니다.

이렇게 함으로써 이스턴식으로 방향을 바꾼 '2중코'가 생깁니다. 다음 줄무늬에서 이 2중코에 도달하면, 코 뒤쪽에 바늘을 넣고 2중코를 1코처럼 뜹니다.

6. 다음 줄무늬에 이르면, 새로운 장소에 실을 넣기 위해 몇 코를 밀어놓습니다. 2~6단계를 반복합니다. 앞서 만든 '2중코'를 뜰 때는 바늘을 뒤쪽에 넣어 1코처럼 뜨고, 꼬리실을 가볍게 당겨 마무리합니다.

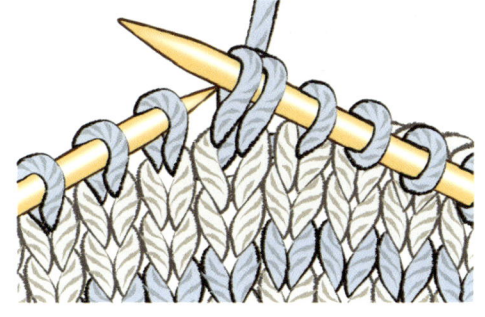

한 단짜리 줄무늬를 한 줄 이상 모두 떴다면, 코를 다시 옮겨 바탕색을 쉬게 놔두었던 시작 마커까지 뜨개코를 이동시켜, 단이 시작되는 위치를 원래대로 돌려놓습니다.

그곳에서 바탕색의 실을 잡아 다음 단을 뜨기 시작합니다. 물론 바탕색의 2번째 단을 뜰 때는 단차가 생기지 않도록 1번째 코는 이전 단에 떠 넣습니다(앞서 언급한 2단 이상의 줄무늬에 사용하는 방법을 활용합니다).

이제 코를 걸러뜨거나, 실을 걸치거나,
마커를 이동하거나 하지 않고,
바탕색 한가운데에 완전한 '원'을 떠 넣을 수 있게 됐습니다!

완전한 원(흰색 줄무늬)　　　　　원래 시작 위치(파란색)

완전한 원(분홍색 줄무늬)

원형뜨기의 되돌아뜨기에 관해 : 언급하고 싶어 하지 않는 화제

되돌아뜨기(Short row)에 관해 잠시 이야기 좀 나눠볼까요? 이 팁은 여러분 모두를 위한 것입니다. 아직 원형뜨기에서 되돌아뜨기를 해본 적이 없다면, 이 내용이 크게 와닿지 않을지도 모릅니다. 하지만 원형뜨기에서 되돌아뜨기 도안을 한 번이라도 떠보면, 반드시 다시 이 내용을 찾아보게 될 것입니다. 원형뜨기에서 저먼 숏로우(German short row)나 랩앤턴(wrap-and-turn) 되돌아뜨기를 해보신 분들은 이미 알고 계실 겁니다. 우리는 속고 있었습니다!

되돌아뜨기는 편물 형태를 잡는 훌륭한 방법이지만, 원형으로 뜰 때는 그리 예쁘지 않게 나오곤 합니다. 되돌아뜨기는 단어 그대로의 뜻입니다. 단을 마지막까지 다 뜨지 않고 중간에 되돌아가서 단을 짧게 뜨는 것을 일컫습니다. 그리고 되돌아가는 위치에서 구멍이 생기지 않도록 하는 기법을 쓰지요. 여기서는 저먼 숏로우와 랩앤턴 기법을 중심으로 설명하겠습니다. 원형뜨기에서 되돌아뜨기를 할 때는, 평면뜨기처럼 겉면과 안면을 번갈아 뜨고, 되돌아뜨기가 끝나면 원형뜨기로 돌아갑니다. 문제는 바로 그때부터 시작됩니다.

이 두 가지 되돌아뜨기 기법은 구성 방식은 다르지만, 중요한 공통점이 있습니다. 마지막 랩(랩앤턴에서 코에 감은 실), 혹은 더블 스티치(저먼 숏로우)는 안면 단에서 만들어지지만, 다시 원형 뜨기로 돌아올 때 그 간격을 메우는 작업(감은 코를 숨기거나 두 겹 코를 뜨는 것)은 겉면 단에서 이루어진다는 점입니다.

그런데 이상하게도 많은 도안들은, 겉면에서의 단 정리가 안면에서 되돌아뜨기한 코에도 적용되는 것처럼 기술될 때가 있는데, 그럴 수는 없습니다. 이건 여러분 잘못이 아니에요! 큰 거짓말이지요. 그 결과, 빈틈이나 구멍이 뚫리고 맙니다.

무엇이 문제인지 이해하려면, 각 기법이 뜬 코와 뜨지 않은 코를 어떻게 연결하는지, 그리고 그 연결이 되돌아뜨기 전인지 후인지 살펴볼 필요가 있습니다. 저먼 숏로우나 랩앤턴이 처음이시라면, 기본 개념은 'BASIC TECH-NIQUES'(204쪽)에서 확인하실 수 있습니다.

랩 앤 턴(Wrap and Turn) : 단차 해결하기

랩앤턴(W&T) 방식의 되돌아뜨기에서는, 되돌아가는 위치에서 다음 코를 뜨지 않고 실을 감아서 편물을 뒤집습니다.

평면뜨기에서는, 겉뜨기 면에서 감은 코가 겉뜨기 면에 숨겨집니다. 바늘을 아래에서 위로 감은 실에 먼저 넣고, 그다음 해당 코에 넣어 두 코를 함께 떠줍니다. 이렇게 하면 깔끔하고 정돈된 마무리가 됩니다.

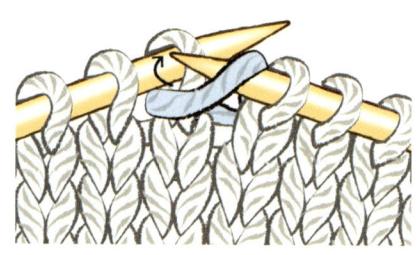

그러나 되돌아뜨기를 왕복으로 뜨다 다시 원형뜨기로 돌아오면, 마지막으로 감은 코가 안면에 남아 있게 됩니다. 본래는 편물을 뒤집어 안면에서 단 정리를 하지만, 겉면의 단에서 멈추고 바로 원형 뜨기로 돌아가 버리기 때문에, 거기서 문제가 발생하는 겁니다. 마지막 감은 코는 안면에서 넣은 것이므로, 역방향을 향하게 됩니다.

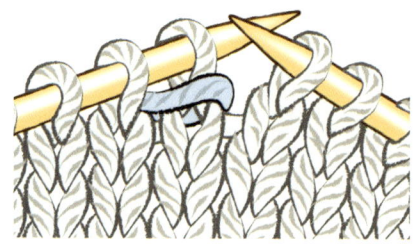

단차와 늘어난 코가 보이시나요?

마지막 겉면 단의 W&T를 겉면에서 정리한 경우   마지막 안면 단의 W&T를 겉면에서 정리한 경우

역방향을 향해 있다면 단 정리도 역방향으로 하면 되지 않나요? 겉면의 랩(랩앤턴에서 코에 감은 실)은 K2tog(왼코 겹치기)로 단 정리를 했으므로, SSK(오른코 겹치기)가 이 상황을 해결해 줄 거예요!

1. 랩을 뜨개코 위로 들어 올려 왼쪽으로 옮깁니다.

2. 다음 코와 랩을 SSK(오른코 겹치기)로 뜹니다. 이때 첫 번째 코만 겉뜨기하듯 빼줍니다.

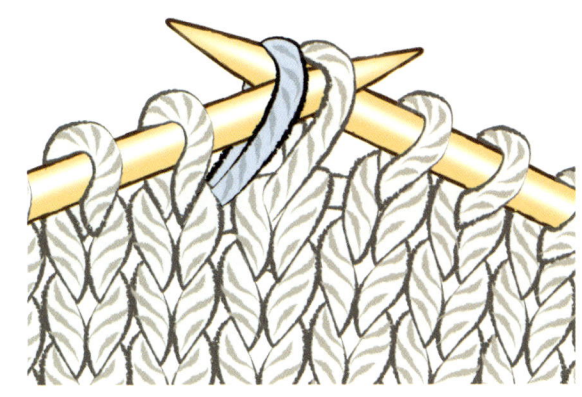

단차가 사라졌습니다!

마지막 겉면 단의 W&T를 겉면에서 정리한 경우

마지막 안면 단의 W&T를 겉면에서 (SSK로) 정리한 경우

저먼 숏로우 : 더 이상 구멍은 없다.

저먼 숏로우(이하, GSR)에서는 먼저 편물을 뒤집고, 마지막에 뜬 코를 더블 스티치(DS) 해서, 그걸 뜸으로써 되돌아간 위치가 이어집니다. 여기서 단 정리는 간단합니다. 겉뜨기 면에서 만든 DS는 K2tog(왼코 겹치기)로 뜹니다. 안뜨기 면에서 만든 DS는 P2tog(안뜨기 모아뜨기)로 뜹니다.

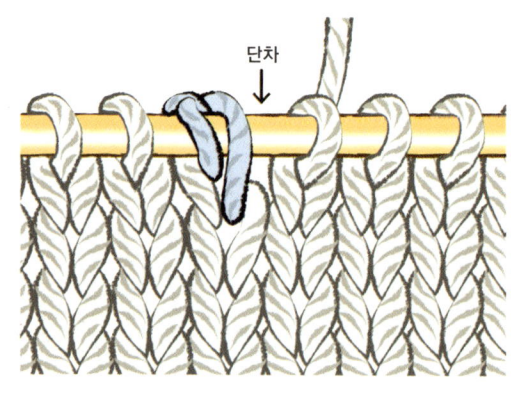

그러나 GSR의 되돌아뜨기 후에 다시 원형뜨기로 뜨기 시작할 때는 단차만이 아니라 아예 구멍이 뚫립니다. W&T와 마찬가지로 평면뜨기에서 원형뜨기로 돌아오면, 안면에서 마지막으로 만든 DS가 남아 있어, K2tog로 단 정리를 해야 합니다. 그러나 여기서는 단차가 DS 바로 앞에 있어서 DS를 K2tog 해도 단차는 사라지지 않아요.

단순하게 DS 전까지 뜨고 K2tog를 한다면 단차는 남고, 다음 단을 뜨면 그 위치에 구멍까지 생기게 됩니다.

마지막 겉면 단의 DS를 겉면에서 정리한 경우

마지막 안면 단의 DS를 겉면에서 정리한 경우

그 단차를 줄여줄 필요가 있습니다. DS의 1코 앞까지 뜹니다.

1. DS의 1코 앞 코에 겉뜨기하듯이 오른쪽 바늘을 넣고 걸러뜹니다.

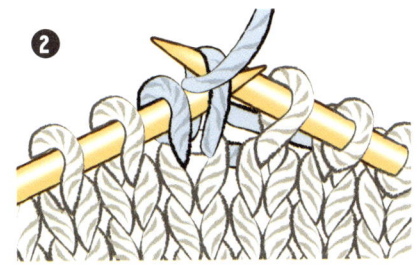

2. DS를 왼쪽 바늘 끝으로 보내고, DS의 첫 번째 고리의 뒤쪽에 바늘을 넣습니다. 바늘을 넣기 힘들 때가 있으니, 그럴 때는 DS의 뒤쪽을 아래로 당겨 다리를 보이게끔 합니다. 겉뜨기하듯이 실을 감고 끌어냅니다.

3. DS의 두 번째 고리는 왼쪽 바늘에 남겨둔 채, 방금 뜬 코를 왼쪽 바늘에서 빼냅니다.

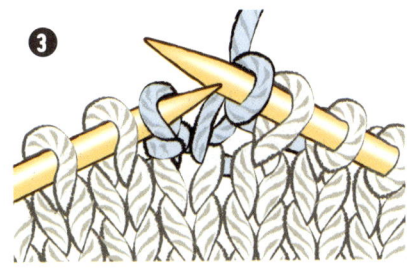

4. 1단계에서 걸러뜬 코를 2단계에서 뜬 코(DS의 첫 번째 고리의 다리)에 덮어씌우고, 작업실을 살짝 당겨 조여줍니다.

5. DS의 두 번째 고리 뒤쪽에 바늘을 넣고 겉뜨기합니다.

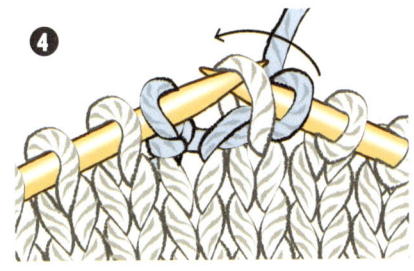

자, 이제 완성! 구멍이 메워졌습니다.

마지막 겉면 단의 DS를 겉면에서 정리한 경우

마지막 안면 단의 DS를 겉면에서 정리한 경우

원형뜨기의 끝 : 단차를 매끄럽게

막 코막음을 끝내고 이제 완벽히 끝났다고 생각한 순간, 아래를 보니 이런 모습이 보이네요.

덮어씌워 코막음을 한 후의 단차

원형뜨기는 나선형으로 진행되기 때문에, 시작코에서만이 아니라 코막음에서도 그 무서운 슬링키(Slinky) 현상이 발생합니다. 처음에 막은 코와 마지막에 막은 코 사이에 1단의 단차가 생깁니다. 시작코와 마찬가지로, 단의 마지막 코를 처음 코와 이어줘야 하지요. 이제 다시 한 번 걸러뜨기를 할 차례입니다.

1. 단의 시작 위치 마커를 뺀 후, 단의 첫 코에 안뜨기하듯이 오른쪽 바늘을 넣어, 왼쪽 바늘에서 오른쪽 바늘로 옮깁니다. 이제 이 코가 마지막으로 코막음할 코가 됩니다. 실은 오른쪽 바늘의 2번째 코에 이어져 있습니다.

2. 왼쪽 바늘의 첫 2코를 뜨고, 1번째 코를 2번째 코에 덮어씌웁니다. 맨 처음에 오른쪽 바늘로 옮겨 뜨지 않았던 코의 뒤쪽에는 실이 걸쳐져 있습니다. 시작코 때와 동일한 상황입니다.

3. 마지막 코(실제로는 단의 첫 코이고, 오른쪽 바늘로 옮긴 코)를 막으면, 단의 마지막 코와 첫코를 이은 것이 됩니다. 실을 자르고 바늘로 실을 당겨 올려서, 방금 만든 마지막 코에서 그 꼬리실을 빼냅니다.

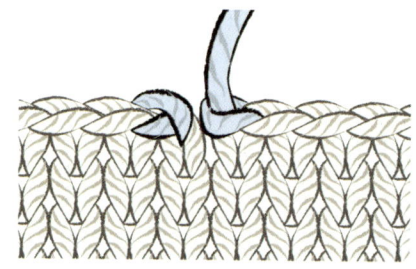

이걸로 완전히 원을 닫게 됐으니, 덮어씌워 코막음을 한 사슬 형태의 뜨개코를 잇도록 합니다. 사슬 형태의 코는 V자 모양의 코가 가로로 겹쳐진 형태여서, 단순히 1코만 더 만들면 될 뿐이라 여기서 꼬리실이 활약하게 됩니다.

1. 꼬리실을 돗바늘에 끼우고, 그 바늘 끝을 가장 처음으로 막은 코의 다리 아래로 통과시킵니다.

2. 그리고 바늘을 꼬리실이 나온 코의 중심으로 다시 통과시키면 마지막 코가 생깁니다. 이제 처음과 마지막의 코막음이 이어졌습니다.

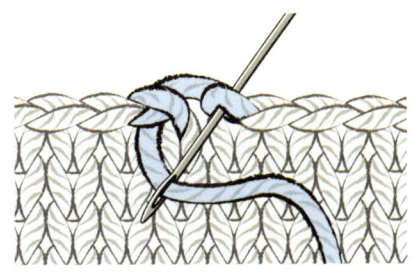

마법처럼 사슬 모양의 코가 이어졌어요.
"잘 가라, 단 차이!"

단의 마지막 코막음

고무뜨기 : 항상 즐겁지만은 않다.

원형뜨기와 마찬가지로 고무뜨기에도 위험이 따를 때가 있습니다. 장력 차이부터 울퉁불퉁함, 뒤틀림까지, 모두 수정해서 고무뜨기가 진정한 즐거움이 되도록 합시다.

헐렁한 겉뜨기 코 미스터리 : 단차를 조심하자.

폭이 넓은 고무뜨기나 케이블(교차를 동반한 고무뜨기)에서는, 겉뜨기의 세로 열의 마지막 코가 크고 헐렁하다는 것을 알 수 있습니다. 더 자세히 보면 겉뜨기에서 안뜨기로 넘어갈 때 장력 차이도 생깁니다. 안뜨기에서 겉뜨기로 넘어갈 때는 안 생기는데 말이지요. 다음 사진을 보면 겉뜨기 3코와 안뜨기 2코의 고무뜨기에서 겉뜨기 3번째 코가 처음 2코보다 큰 것을 알 수 있습니다.

3번째 코가 크다　　　단차

이것이 바로 "네가 문제가 아니라, 코들이 문제야"의 전형적인 예입니다. 맞아요, 코들의 잘못입니다. 더 구체적으로 말하면, 많은 뜨개인들의 골칫거리이자 깔끔한 작품을 만들지 못하게 하는 이유, 바로 안뜨기입니다.

SSK(오른코 겹치기)를 개선하면서 배운 실의 경로를 기억하세요(5장 참조). 다음 코를 뜨는 행위는 자연스럽게 이전 코를 조여주는데, 이는 코들이 서로 연결되어 있기 때문입니다. 하지만 그 연결 때문에, 더 헐거운 코에서 생긴 여유분의 실이 이전 코로 흘러 들어갈 수 있습니다. 게다가 웨스턴식 안뜨기는 겉뜨기보다 실을 조금 많이 사용합니다. 시작하기 전의 실의 긴 경로까지 합치면, 문제가 발생하게 되는 것이죠.

겉뜨기를 할 때, 실은 뒤쪽에 위치하여 바늘 아래에서 위로 짧은 경로를 따라 이동할 준비를 합니다. 실이 바늘 둘레를 이동하는 거리가 짧을뿐더러 출발까지의 거리도 길지 않습니다. 마치 비행 거리도 짧은데, 공항까지 바로 옆에 있는 것과 같습니다

하지만 겉뜨기에서 안뜨기로 넘어갈 때, 실은 뒤에서 앞으로 이동해야 할 뿐만 아니라 바늘 위쪽을 따라 더 긴 경로를 돌아가야 합니다. 이제 우리는 단순히 장거리 비행을 하는 것이 아니라, 공항까지 가기 위해 셔틀도 타야 하는 셈입니다!

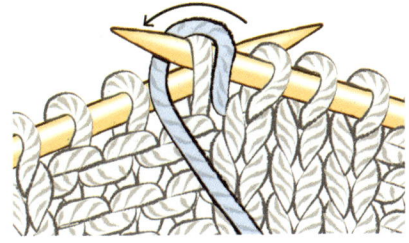

실이 바늘 위를 지나면 이동 거리가 길다.

실이 바늘 아래를 지나면 이동 거리가 짧다.

실을 앞쪽으로 이동시켜야 하는 것은 어쩔 수 없지만, 이스턴식과 콤비네이션식의 요소를 도입함으로써 바늘 둘레를 이동하는 거리를 줄일 수 있습니다. 겉뜨기 열 다음에 뜨는 첫 안뜨기 코는 실을 바늘 아래로 감아 뜹니다(위로 감는 대신). 이를 '게으른 안뜨기(lazy purl)'라고 부르는데, 실을 바늘 아래에 두고 뒤쪽으로 밀어내기만 하면 되기 때문입니다. 이 경우, 실의 이동 거리는 겉뜨기 때와 같아집니다.

이렇게 하면 코와 코 사이에 걸쳐진 실은 짧게 당겨 조여진 상태가 되므로, 직전에 뜬 겉뜨기 코로 여유분의 실이 흘러 들어가지 않습니다.

그럼 이제 다음 단이 어떻게 되는지 알겠지요? 실을 감는 방향에 따라 바늘에 걸린 뜨개코의 방향이 정해지므로, 이 코를 뜰 때는 바늘에 걸려 있는 코의 뒤쪽에 바늘을 넣어 뜹니다. 앞에서도 이런 말을 했잖아요? 중요한 건 '바늘을 똑바로 "구멍"에 넣는다'라고요(94페이지 참조).

이제 깔끔하고 정돈된 고무뜨기가 완성됐습니다.

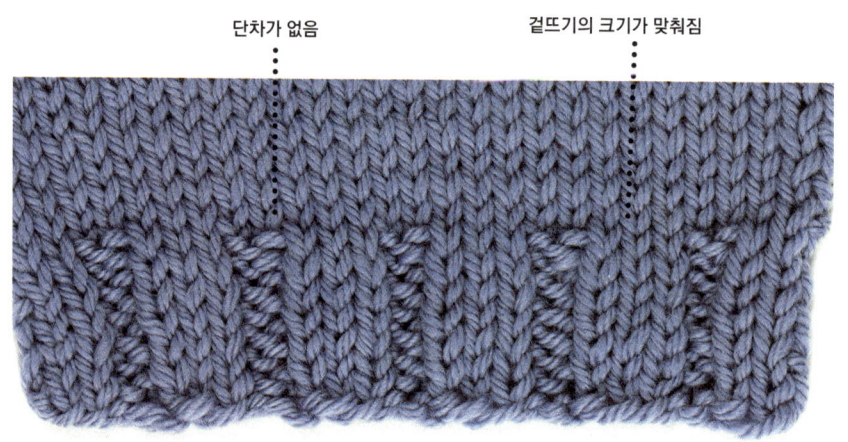

단차가 없음   겉뜨기의 크기가 맞춰짐

팁 : 고무뜨기나 케이블을 깔끔하게 만들고 싶을 때마다, 이 요령을 뜨개 도구 상자에서 꺼내 사용하세요.

줄무늬 고무뜨기 : 깨끗한 줄무늬

고무뜨기로 줄무늬를 뜰 때 겉뜨기 부분은 색이 깨끗하게 바뀌는 반면, 안뜨기 부분에서는 이전 단의 색이 드러나게 됩니다. 물론 이유는 알고 있습니다. 안뜨기를 할 때는 바로 아래 단의 코머리가 앞으로 나오기 때문입니다. 줄무늬를 뜰 때 이런 효과를 장식적으로 활용할 수도 있지만, 항상 그런 효과를 원하지는 않습니다.

이 문제를 해결하는 방법은 너무 간단해서 믿기 어려울 정도지만, 실제로 효과가 있고 아무도 눈치채지 못합니다. 준비됐나요? 고무뜨기에서 색을 바꿀 때는 고무뜨기를 하지 마세요. 뭐라고요? 맞아요, 새로운 색으로 겉면 단을 뜰 때는 겉뜨기로만 1단을 뜨고, 다시 고무뜨기로 돌아갑니다. 이건 당신이 말하지 않는 한 아무도 눈치 못 채요!

고무뜨기 마감단 : 말림 문제 해결하기

저는 고무뜨기 밑단에서 메리야스뜨기로 넘어갈 때의 모양이 늘 마음에 들지 않았습니다. 실이나 무늬에 따라서는 이상하게 불룩해지기도 하고, 카디건의 경우에는 심지어 단이 말려 올라가기도 했습니다. 왜 그럴까요? 언제나 그렇듯, 어떤 일이 왜 일어나는지 그 이유를 알게 되면, 그것을 어떻게 고칠 수 있는지도 알 수 있습니다.

고무뜨기의 경우, 메리야스뜨기보다 실의 이동 거리가 길어서, 사용하는 실의 양이 많다는 것을 알 수 있습니다. 이것이 바로 도안에서 밑단 고무뜨기를 더 작은 바늘로 뜨거나, 콧수를 줄여 뜬 뒤 메리야스뜨기로 넘어가기 전에 코를 늘려 퍼짐을 최소화하도록 지시하는 이유입니다. 이렇게 하면 퍼짐은 잡을 수 있지만, 말림은 해결되지 않습니다.

1장에서 배운 안뜨기 코의 성질을 떠올려 보세요.(15쪽의 해변 친구들을 기억하시나요?) 안뜨기가 세로로 쌓이면 (고무뜨기처럼) 후퇴하고, 가로 방향으로 나란히 늘어놓으면 (가터뜨기처럼) 돌출합니다. 고무뜨기에서 메리야스뜨기로 전환할 때, 고무뜨기 마지막 단의 안뜨기 코들은 위에 쌓일 안뜨기 코가 없어 후퇴하지 못하고 앞으로 튀어나오게 됩니다. 그래서 전환 부분에서 고무뜨기가 볼록하게 나오게 됩니다. 이로 인해 풀오버에서는 고무뜨기가 몸에 맞게 늘어날 때 불룩함이 생기고, 오픈 카디건에서는 단이 말려 올라가는 현상을 일으킬 수 있습니다.

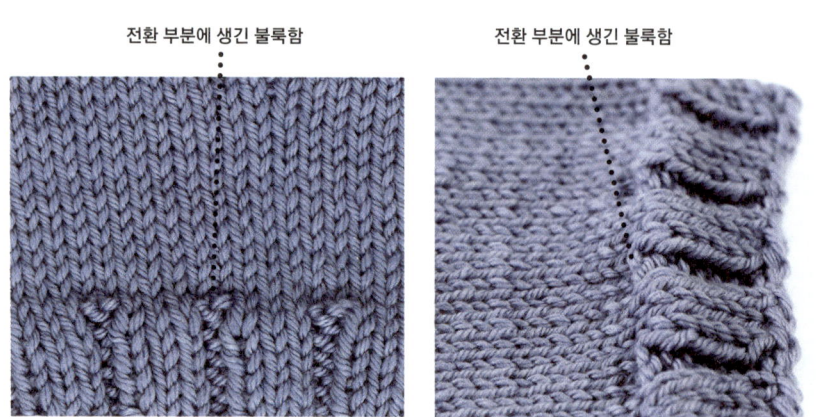

이 전환 부분을 매끄럽게 만들려면 걸러뜨기를 도입하면 됩니다. 물론 안뜨기 방향으로 걸러뜨기 합니다. 이것을 고무뜨기의 마지막 안면 단에서 적용합니다.

평면뜨기의 경우

안면 단의 첫 코와 마지막 코는 뜨고, 나머지 안뜨기 코들은 실을 앞쪽으로 둔 채 오른쪽 바늘로 옮깁니다. 이렇게 함으로써 안면 단 전체에 실이 걸쳐지게 됩니다. 걸러뜬 코 앞에서 실이 느슨해지지 않도록 단단히 당기고, 바늘 끝 사이로 실을 뒤쪽으로 옮겨 다음의 겉뜨기를 합니다.

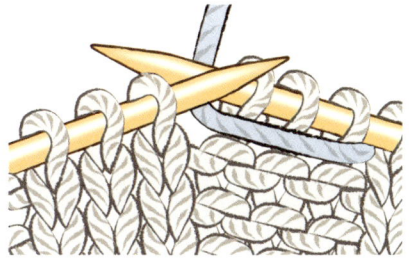

[안면] 실을 앞으로 두고, 안뜨기를 걸러뜬다.

원형뜨기의 경우

겉뜨기에서는 실을 뒤쪽에 두고 코를 오른쪽 바늘로 옮깁니다. 걸러뜬 코의 뒤쪽으로 실을 단단히 당기고, 바늘 끝 사이로 실을 앞으로 이동시킨 후 안뜨기 코를 뜹니다.

이 기술은 걸러뜬 코의 뒤쪽으로 실을 단단히 당겨야 제대로 효과가 있습니다. 뒷면의 걸쳐진 실이 고무뜨기 단을 단단히 잡아주어, 모양이 늘어지거나 틀어지는 것을 막아주는 역할을 합니다.

간단한 걸러뜨기로 볼록함과 말림 문제까지 해결할 수 있습니다.

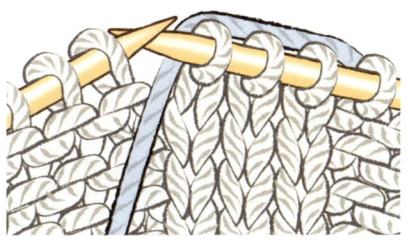

[겉면] 실을 뒤로 두고, 겉뜨기를 걸러뜬다.

안면 전체를 가로지르는 실 줄

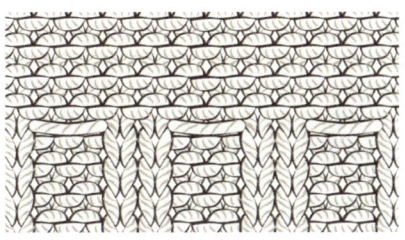

걸러뜨기 덕분에 전환 부분이 매끄럽게

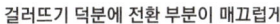

걸러뜨기 덕분에 전환 부분이 매끄럽게

스웨터 뜨기에 도움이 되는 기술

스웨터를 뜨면서 자신만의 기술을 활용하는 것만큼 멋진 일도 없습니다. 도안은 기본적인 뜨기 방법을 알려주지만, 그렇다고 자신만의 요령을 활용하지 못하는 것은 아닙니다. 여기 제가 좋아하는 몇 가지 방법을 소개합니다.

어깨 만들기 : 경사진 코막음

대부분의 스웨터 도안은 몇 단에 걸쳐 어깨의 코를 막음으로써 어깨 경사를 만듭니다. 이렇게 하면 계단 모양이 생기는데, 이 계단 모양은 솔기를 만들 때 귀찮을 수 있습니다. 덮어씌워 코막음은 단의 시작에서만 할 수 있기 때문에, 코막음을 하는 단과 다음 단과의 사이에 계단 형태의 단차가 생깁니다. 예를 들어, 도안에서 '다음 4단의 시작 부분에서 5코씩 코막음한다'라고 하면, 각 어깨에서 총 10코가 제거됩니다.

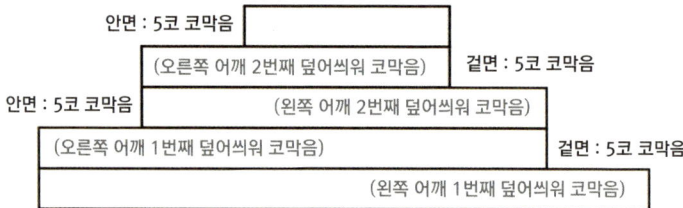

계단 형태의 코막음을 매끄럽게 만드는, 제가 가장 좋아하는 기술은 '경사진 코막음(sloped bind off)'입니다. 시작은 일반 코막음과 같습니다. 겉면의 단에서 첫 번째 어깨 코를 코막음하고, 단의 마지막까지 뜬 다음에 편물을 돌려, 안면 단에서 어깨 코를 코막음합니다. 이제 요령이 등장합니다.

1. 왼쪽 바늘에 한 코만 남을 때까지 안면의 단을 뜹니다.

2. 편물을 돌리고, 왼쪽 바늘의 첫 코를 오른쪽 바늘로 걸러뜹니다.

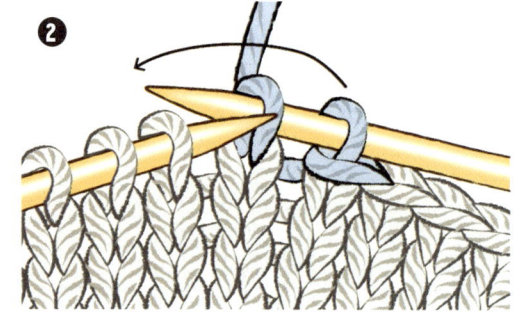

3. 오른쪽 바늘에 남겨둔 코를 걸러 뜬 코에 덮어씌웁니다. 이것이 첫 번째 코막음 코로 계산됩니다. 그런 다음, 해당 단의 나머지 코막음을 지시에 따라 계속합니다.

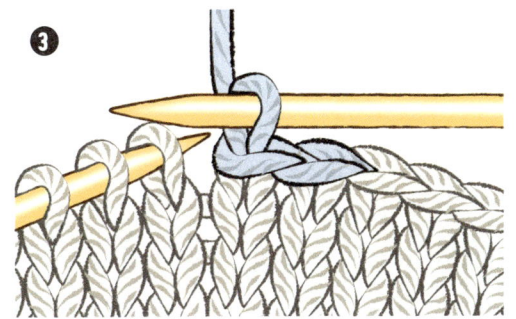

1~3단계의 순서를 반복하여 어깨의 덮어씌워 코막음을 완료합니다.

걸러뜬 코가 계단진 부분을 메워주어 솔기를 잇기가 훨씬 쉬워집니다. 아래는 기존의 계단형 코막음과의 비교입니다. 보시다시피, '경사진 코막음'은 매끄럽고 봉제하기 쉬운 어깨선을 만들어 줍니다.

일반적인 덮어씌워 코막음

경사진 덮어씌워 코막음

그럼 경사진 코잡기는 어떨까?

어느 날, 돌먼 소매가 달린 스웨터를 뜨고 있었을 때의 일입니다. 돌먼 소매는 각 단의 시작 부분에서 코를 만들면서 뜹니다. 시작코가 계단형이면 덮어씌워 코막음의 경우와 마찬가지로 솔기를 잇기가 까다롭습니다. 그래서 생각했죠. 코막음을 매끄럽게 경사진 형태로 만들 수 있다면, 경사진 코잡기도 가능하지 않을까?

예를 들어서, '다음 여섯 단의 시작 부분에서 케이블 캐스트 온을 사용하여 5코를 만든다'라고 도안에 적혀 있다고 가정해 보겠습니다. 겉면 단에서는 겉뜨기의 케이블 캐스트 온을 사용하고, 안쪽 단에서는 안뜨기의 케이블 캐스트 온을 사용합니다(84~85쪽 참조). 4장에서 배운 깔끔하게 마무리하는 요령은 지금 사용하지 말고, 마지막 안면과 겉면 단의 시작코에서 사용하도록 합니다.

경사진 코잡기는 경사진 코막음과 같은 방식으로 시작합니다. 먼저 처음 두 번의 코잡기는 평소처럼 합니다. 겉면 단에서 소매 코를 잡고, 단 끝까지 뜬 다음 편물을 돌립니다. 안면 단에서도 소매 코를 잡습니다. 그리고 이제 요령이 들어갈 차례입니다.

1. 왼쪽 바늘에 한 코만 남을 때까지 단을 뜹니다.

2. 편물을 돌리고, 남겨뒀던 오른쪽 바늘의 코를 왼쪽 바늘로 걸러뜹니다. 마지막에 뜬 코와 남겨둔 코(걸러뜬 코) 사이에 바늘을 넣고 다음 코를 만듭니다.

위의 1과 2의 순서로 소매의 시작코가 완료될 때까지 반복하면 되는데, 마지막 겉뜨기와 안뜨기의 코잡기는 앞서 소개한 완벽한 케이블 캐스트 온 방법으로 마무리합니다(86~87페이지 참조).

일반적인 케이블 캐스트 온

일반적인 케이블 캐스트 온

매끄럽고 잇기가 좋은 돌먼 소매가 완성됐습니다. 오른쪽 사진 위는 소매를 일반적인 코잡기로 만들었고, 아래는 경사진 형태로 만들었습니다. 잇기를 한다면 어떤 코잡기를 선택하고 싶을까요?

경사진 케이블 캐스트 온

경사진 케이블 캐스트 온

완벽한 목 파임

목 파임은 대개 특정한 지점까지 뜨고, 새로운 실타래를 이어 중앙의 코들을 코막음한 다음, 단의 마지막까지 뜹니다. 양쪽 목 부분은 별개의 실타래로 동시에 혹은 한쪽씩 뜹니다.

이 과정에서 세 가지 문제에 직면하게 되는데, 그건 바로 홈(gap), 기울어짐(dip), 그리고 구멍(hole)입니다. 이제 이 세 가지를 모두 해결해 봅시다.

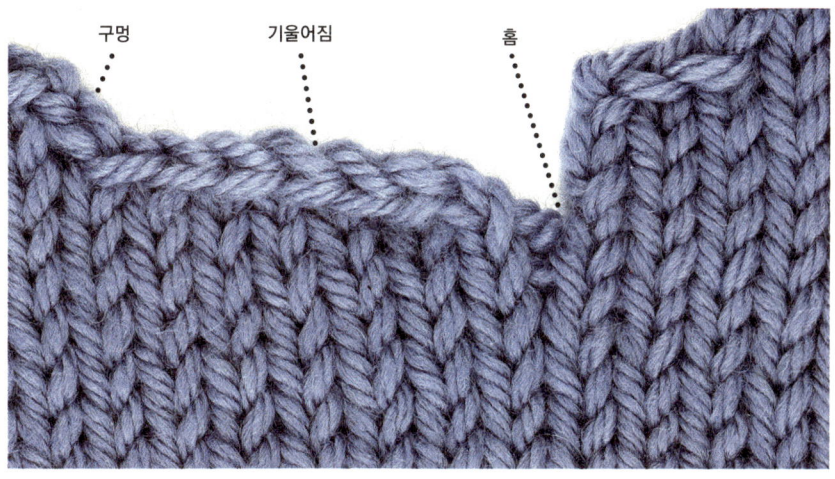

코막음을 할 때는 한 코를 다음 코에 덮어씌웁니다. 코는 높이보다 너비가 더 넓기 때문에, 코막음을 하기 위해 그 코가 옆으로 눕게 되면 다음 코의 중앙까지 닿지 않습니다. 따라서 덮어씌워 코막음한 부분이 오므라들게 됩니다. 위의 사진에서도 볼 수 있듯이, 덮어씌워 코막음을 하면 편물이 사선으로 기울고, 끝부분에서는 구멍이 생기게 됩니다.

그리고 움푹 파인 홈이 생기게 됩니다. 단의 중간에서 코막음을 하면, 실의 흐름이 끊기게 됩니다. 첫 번째로 덮어씌워 코막음을 한 코는 이미 그 이전의 코와 이어져 있지 않습니다. 여기에 새로운 실타래를 더하면, 두 코 기둥이 서로 연결되지 않아 그 홈은 더욱 커집니다. 해결책은 간단합니다. 그 둘을 다시 연결하는 것입니다.

1. 덮어씌워 코막음의 위치까지 뜨고, 왼코 늘리기(LLI)를 합니다(124페이지 참조).

2. 새로운 타래의 실(실타래 ②)을 연결해 다음 코를 뜨고, 첫 번째 실타래(실타래 ①)로 코늘림한 코를 실타래 ②로 뜬 코에 덮어씌웁니다. 이는 코막음의 수에 포함되지 않습니다. 1코 늘린 만큼 줄인 것뿐입니다.

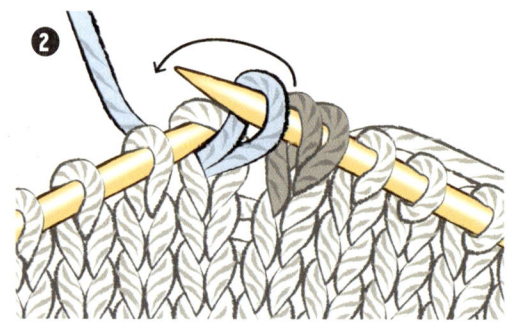

실타래 ①의 실을 살짝 당겨 조여줍니다. 이제 두 코 기둥이 연결되어, 더 이상 홈이나 기울어짐이 생기지 않습니다.

3. 이제 덮어씌워 코막음을 시작합니다. 이미 한 코를 떴으므로, 덮어씌워 코막음을 하려면 다음 코를 떠서 덮어씌우기만 하면 됩니다. 이를 반복해서 도안에 지정된 콧수보다 한 코 적게 코막음하고 멈춥니다.

이제 구멍을 없앨 차례입니다.

4. 마지막 한 코를 덮어씌우는 대신, 변형된 SSK(오른코 겹치기)를 합니다. 아직 뜨지 않은 다음 코를 겉뜨기하듯이 걸러뜨고, 걸러뜬 코와 마지막으로 뜬 코의 앞쪽에 왼쪽 바늘을 넣어, 그대로 2코를 함께 겉뜨기합니다.

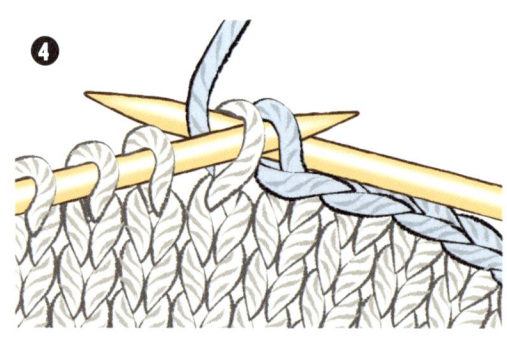

목선을 만드는 과정에서는, 1코씩 코줄임을 하기 전에 덮어씌워 코막음이 몇 번 정도 이어집니다. 완벽한 중심코 코막음 방법과 경사진 코막음 방법을 조합하면, 홈이나 구멍 없이 매끄럽고 둥근 목선을 만들 수 있습니다.

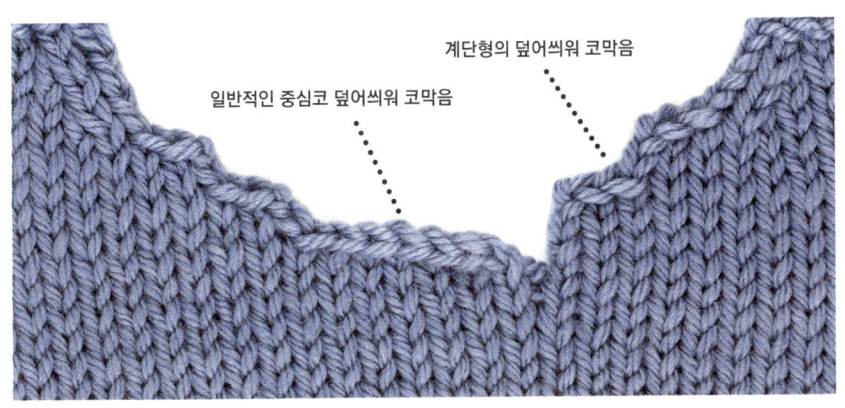

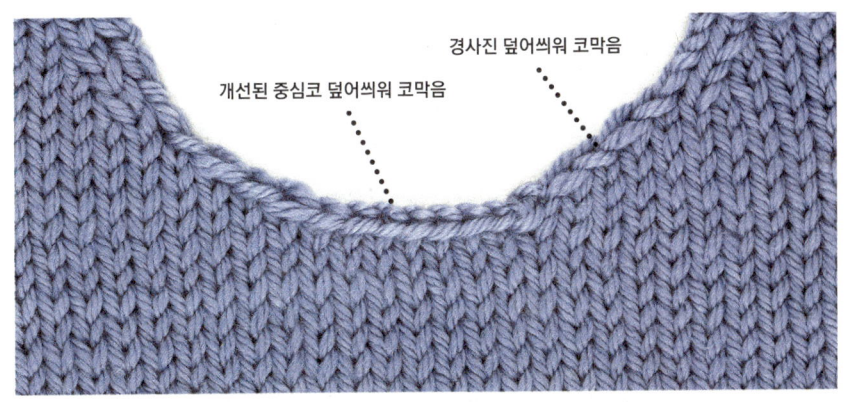

누군가가 당신에게 "반드시 이렇게 해야 해," "절대 그렇게 하면 안 돼,"
혹은 제가 제일 싫어하는 말, "원래 그렇게 하는 거야"라고 말한다면,
그냥 미소 지으며 물어보세요. "왜요?"

Words of Wisdom

—

WHEN YOU FEEL
at loose ends
WEAVE
them in
AND KEEP
KNITTING!

마음이 꼬리실처럼 갈 곳을 잃었을 때는, 꼬리실을 정리하고 계속 뜨세요!

CHAPTER 7 — 마무리

해피 엔딩!

모든 부분을 다 뜨고, 이제 거의 마무리 단계에 있습니다. 하지만 아직도 앞길이 순탄치 않을 수 있죠. 너무 빡빡해진 코막음, 잘못된 블로킹, 또는 두렵기만 한 마무리 작업 등등, 뜨개에서 가장 어렵고 긴장되는 순간이 아직 남아 있다고 느낄지도 모릅니다.

하지만 저는 우리의 두려움을 뜨개코들도 느낀다고 믿습니다. 그러니 마음을 다잡으세요. 지금이야말로 빛을 발하여, 누가 이 편물의 진정한 주인인지를 알려줄 때입니다!

이 장에서는 전문적으로 보이는 마감을 위한, 제가 가장 좋아하는 몇 가지 요령을 소개하겠습니다.

더 나은 코막음

본격적인 마감 작업에 들어가기 전에, 먼저 코막음을 해야 합니다. 간단한 과정 같지만, 의외로 자주 문제가 생기곤 하죠.

뜨개인이라면 반드시 알고 있는 '느슨하게 덮어씌워 코막음을 한다'라는 지시는 마치 우리를 비웃는 것 같습니다. 둥그스름한 모서리부터 빡빡하게 조이는 코막음, 마지막 부분에 생기는 그 이상한 고리까지. 이 모든 걸 고쳐서 멋진 코막음을 해봅시다.

더 나은 시작 : 둥근 모서리 없애기

앞장에서 덮어씌워 코막음이 왜 여러 가지 문제를 야기하는지 배웠습니다. 뜨개코는 높이보다 폭이 더 넓기 때문에, 덮어씌워 코막음을 할 때 코가 옆으로 눕게 되면 다음 코의 가운데까지 닿지 못합니다. 그 결과, 덮어씌워 코막음은 시작 부분이 움푹 꺼지고 전체적으로 안쪽으로 당겨지게 됩니다.

완벽한 목 파임을 만드는 방법에서는, 덮어씌워 코막음의 첫 코와 그 직전에 뜬 코를 잇는 방식으로 움푹 꺼지는 현상을 해결했습니다. 하지만 스카프처럼 앞에 이어진 코가 없는 경우 어떻게 해야 할까요? 덮어씌워 코막음을 직각으로 반듯하게 시작하려면, 코바늘 기법에서 아이디어를 빌려올 수 있습니다!

코바늘뜨기에서는 모서리를 직각으로 세우고 싶을 때, 다음 단을 시작하기 전에 '기둥 사슬코'를 만들어 실을 필요한 높이로 끌어올립니다. 덮어씌워 코막음은 기본적으로 코바늘의 사슬뜨기와 비슷하므로, 기둥 사슬코를 떠보도록 합시다.

1. 한 코를 겉뜨기합니다.

2. 오른쪽 바늘에 바늘비우기(YO)를 합니다. 왼쪽 바늘 끝을 오른쪽 바늘의 첫 번째 코에 넣어 바늘비우기에 덮어씌웁니다.

이제 기둥 사슬코가 1코 생겼습니다! 여기서부터는 늘 했던 대로 덮어씌워 코막음을 해주세요. 단 한 번의 간단한 동작이 큰 차이를 만들어냅니다!

덮어씌워 코막음이 된 둥근 모서리

기둥 사슬코를 떠서 생긴 날카로운 모서리

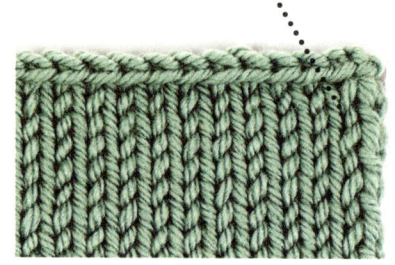

너무 빡빡한 코막음 : 목 조르기는 이제 그만!

이제 느슨하게 덮어씌워 코막음을 하기가 말처럼 쉽지 않은 이유를 알았으니, 문제를 해결할 수 있습니다. 각 코를 좀 더 높게 만들어야, 코가 옆으로 눕더라도 다음 코를 잡아당기지 않게 됩니다.

간단한 방법으로는, 덮어씌워 코막음을 할 때 굵은 바늘을 쓰는 것입니다. 그러나 손을 멈추고 바늘을 바꿔 쥐는 것도 귀찮을 때가 있지요. 그래서 늘 하던 덮어씌워 코막음에 아주 작은 변화만 주어도 효과를 볼 수 있는 방법을 소개하겠습니다. 먼저 한 코를 뜨고 시작합니다.

1. 다음 코를 뜨되, 왼쪽 바늘에서 코를 빼지 않습니다.

2. 좌우의 바늘을 서로 멀리 벌립니다. 이렇게 하면 방금 만든 코에 더 많은 실이 들어가, 코가 길어집니다.

3. 왼쪽 바늘 끝을 방금 뜬 코의 앞쪽으로 돌려, 오른쪽 바늘의 첫 번째 코를 들어 올려 뜬 코에 덮어씌웁니다.

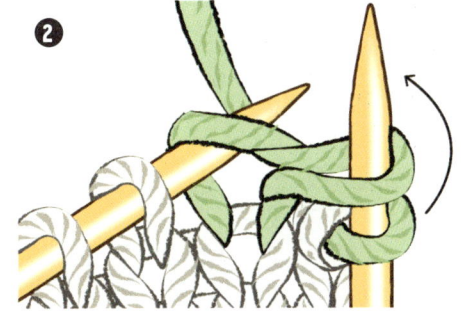

4. 왼쪽 바늘을 두 코에서 모두 빼냅니다.

이렇게 하면 매번 완벽한 덮어씌워 코막음을 할 수 있습니다.

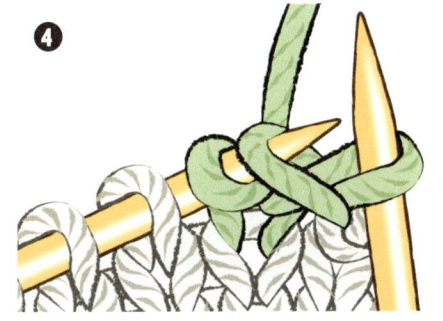

이 방법은 겉뜨기에도, 안뜨기에도 쓸 수 있어요.
그럼 이제 다음의 간단한 방법도 소개하겠습니다.

무늬에 맞춰 코막음하기 : 코막음한 사슬 머리 안 보이게 하기

고무뜨기, 교차무늬, 멍석뜨기 등의 무늬뜨기를 덮어씌워 코막음할 때, 그 무늬를 유지하면서 코막음을 합니다. 고무뜨기의 경우라면, 겉뜨기는 겉뜨기, 안뜨기는 안뜨기로 코막음한다는 의미입니다. 다음은 전체를 겉뜨기로 코막음한 고무뜨기와, 무늬에 맞춰 코막음한 고무뜨기를 나란히 비교한 예입니다.

일반적인 시작코와 덮어씌워 코막음

코에 맞춘 시작코와 덮어씌워 코막음

덮어씌워 코막음을 코에 맞춰서 하면 목둘레의 코줍기나 카디건의 앞단 마무리가 깔끔해집니다.

끝 부분 다듬기 : 실의 흐름이 (여기서도) 방해받고 있다.

이제 덮어씌워 코막음의 시작과 중간을 다듬었으니, 끝에서 생기는 문제를 해결할 차례입니다. 마지막 코막음을 하고 나면 커다란 고리가 남게 됩니다. 왜 이렇게 되는지는 이미 여러분도 알고 있습니다. 네, 실의 흐름이 여기서도 방해를 받고 있기 때문입니다.

그러나 지금까지 소개했던 해결책과 달리(SSK나 한 단의 첫 코 수정), 덮어씌워 코막음에서는 마지막 코가 바로 끝 – 끝입니다. 옆에도, 위에도 코가 없어서 크고 느슨한 코가 어수선하게 남아 있을 뿐입니다.

코막음 끝에 생긴 큰 고리

이를 수정하려면 느슨해진 여유분의 실을 어떻게든 처리해야 합니다. 줄무늬에서와 비슷하게, 아래의 단이 이 상황을 구제해 줍니다.

1. 왼쪽 바늘에 한 코가 남을 때까지 덮어씌워 코막음을 합니다. 마지막 코는 뜨지 않고 오른쪽 바늘로 옮깁니다.

2. 뜨지 않은 마지막 코 아래 단의 왼쪽 고리에, 왼쪽 바늘을 뒤에서 앞으로 꽂아 들어 올립니다.

3. 오른쪽 바늘로 옮긴 코를 왼쪽 바늘로 돌려놓습니다. 이렇게 하면 본래의 코(마지막 코)가 안쪽으로, 아래 단에서 들어 올린 코가 바깥쪽이 됩니다. 이 상태에서 두 코를 함께 겉뜨기하고, 마지막으로 코막음한 코로 덮어 씌웁니다.

4. 실을 끊고 바늘을 당겨 올리면서, 방금 만든 마지막 코에서 꼬리실을 빼내면 완성입니다. 느슨한 부분은 모두 뒤쪽으로 이동해서, 깔끔하고 반듯한 마무리 가장자리가 만들어집니다.

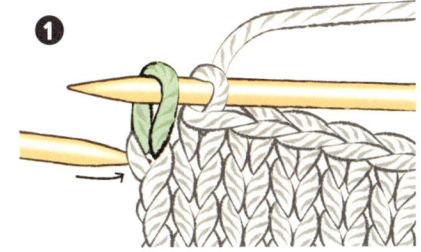

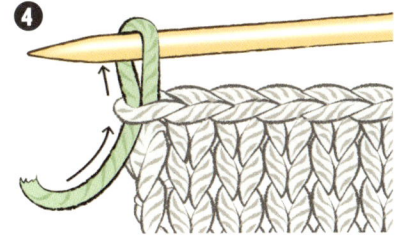

정돈한 후의 덮어씌워 코막음

블로킹 : 마지막 손질

블로킹으로 뜨개 작품이 변하는 모습을 처음 봤을 때 정말 놀랐던 기억이 납니다. 블로킹은 뜨개코를 스파에 데리고 가는 것과 같습니다. 물에 담그거나, 스팀을 가하거나, 분무를 해주면 코들이 편안하게 풀리며 본래의 모습을 되찾습니다. 사실 우리는 늘 완벽하게 뜨개를 하지는 못하죠. 블로킹은 가지런하지 못한 뜨개코들이 서로 조화를 이루도록 도와 작품이 반듯하고 완벽해 보이게 만듭니다.

블로킹은 단순한 작업이지만, 때때로 필요 이상으로 복잡해질 때가 있습니다. 깔끔하지 못한 편물이 블로킹에 의해 좋아지는 경우보다도, 깔끔한 편물이 블로킹에 의해 엉망이 되는 경우가 더 많은 것 같아요. 블로킹에 관한 효과적인 조언과 편리한 요령을 소개하겠습니다.

블로킹 테스트

블로킹에서 생길 수 있는 모든 비극은, 실 라벨에 적힌 취급 표시를 따라 스와치를 블로킹함으로써 피할 수 있습니다. 물에 적심으로써 배색무늬에 사용한 실의 색이 빠지거나, 스팀을 쐬어서 실에 달렸던 스팽글이 녹아버리는 일이 발생하더라도, 망친 건 스와치일뿐입니다. 미리 테스트를 해보면 올바른 판단을 내릴 수 있지요.

편물에 생명을 남긴다

블로킹은 편물을 다림질하는 것이 아닙니다. 다리미를 편물에 대고 누를 때마다 천사가 날개를 잃듯 편물도 생명을 잃고 말지요. 편물이 평평해질 때까지 다림질한 후의 광택을 좋아하는 사람도 있긴 하지만, 저는 그렇게 하면 코의 생동감을 일부 잃는다고 믿습니다. 편물은 입체적인 원단입니다. 그 생명을 눌러 없애지 마세요.

'꿰매기'를 위한 준비

꿰매기를 하기 전에 부위별로 블로킹을 해둡시다. 블로킹 덕분에 가장자리가 반듯해지면 꿰매기가 훨씬 깔끔하고 쉬워집니다. 코를 줍기 전에 블로킹하는 것도 중요합니다. 마지막 마무리로 솔기나 버튼 밴드 부분에 스팀을 살짝 쐬어 주면 됩니다.

블로킹은 심플하게

블로킹은 대개 물에 푹 적시기만 해도 충분합니다. 울 전용세제를 사용해서 충분한 시간을 담가 주세요. 그리고 편물을 수건으로 싸서 수분을 빼고, 평평하게 펴서 말립니다.

레이스 숄같이 블로킹하면서 늘려줘야 하는 것 이외에는 늘릴 필요가 없고, 늘려서도 안 됩니다. 스웨터의 경우, 핀을 꽂아 다소 폭을 넓히거나 길이를 늘이기도 하지만, 마른 후에는 다시 원래대로 돌아갑니다. 원래 게이지를 신뢰하는 게 제일이에요. 억지로 늘리지 않도록 하세요.

블로킹 요령 : 프레임에 맞춰라!

많은 뜨개인 여러분과 마찬가지로, 저도 스웨터를 블로킹할 때 블로킹 보드와 핀을 사용하지만, 여러분이 상상하는 방법과는 좀 다를지도 모릅니다. 과도하게 핀으로 고정할 필요는 없으며, 가장자리를 자연스럽게 말리게 두는 것이 꿰매기에도 도움이 됩니다. 제가 가장 좋아하는 블로킹 방법은 스웨터 윤곽에 맞춘 프레임을 표시하는 것입니다. 그렇게 하면 게이지가 가진 힘에 깜짝 놀라게 된답니다!

1. 제시된 치수를 참고하여, 블로킹 보드에 핀을 꽂아 프레임을 만듭니다. 스웨터 윤곽처럼, 엉덩이, 허리, 가슴, 등 중앙, 어깨, 목 너비의 양쪽에 각각 핀을 꽂습니다.

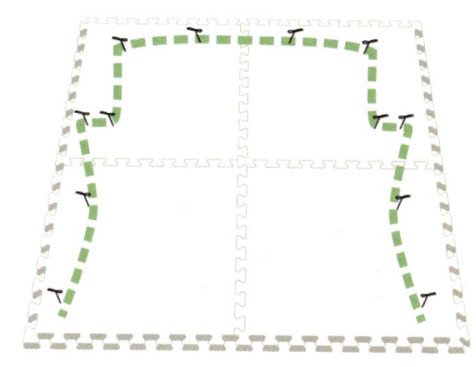

2. 물에 적신 스웨터의 물기를 눌러 짜낸 후, 프레임 안쪽에 스웨터를 놓고 핀 방향으로 평평하게 펼칩니다. 편물이 프레임 안에 잘 맞게 들어가면, 여유롭게 앉아서 게이지가 가진 힘에 감탄하면 됩니다.

3. 핀을 좀 더 꽂아서 기분이 좋아진다면, 가슴이나 엉덩이 등의 핀을 빼서 원하는 모서리에 직접 꽂아 넣는 것도 괜찮습니다.

블로킹 프레임의 장점은 치수에 맞춘 틀을 한 번 만들어두면 스웨터 앞뒤에 각각 쓸 수 있다는 것입니다. 소매에도 똑같은 방법을 쓸 수 있어요.

실 마무리 : 양면인가 아닌가

실을 마무리하는 방법은 여러 가지가 있지만, 우리는 대부분 한 가지 방법밖에 배우지 못했습니다. 안뜨기 코의 볼록한 부분으로 넣었다 뺐다 하는 방법인데, 이건 사실상 안면에서 안뜨기를 따라 자수를 놓는 방법입니다. 이 방법은 스카프처럼 양면으로 착용하는 작품에 아주 적합합니다. 하지만 작품이 양면이 아닐 경우, 뒷면의 상태를 걱정할 필요는 없습니다. 저는 꼬리실을 나누어 방향을 바꿔가며 처리하는 방법을 좋아합니다. 이 방법은 안뜨기 자수 방법보다 두껍지 않게 마무리됩니다.

1. 꼬리실을 돗바늘에 꿰고, 안뜨기의 볼록한 부분을 꿰뚫어 통과시킵니다. 가터뜨기라면 그대로 단과 단 사이 골을 따라가며 넣고, 메리야스뜨기라면 대각선 방향으로 찌릅니다.

가터뜨기

메리야스뜨기

2. 꼬리실을 통과시킨 뒤, 방향을 바꿔 2~3센티 정도 다시 넣습니다. 가터뜨기라면 위나 아래의 다른 단으로 옮겨가며 넣고, 메리야스뜨기라면 각도를 바꿔 대각선 방향으로 이어서 넣습니다.

가터뜨기

메리야스뜨기

3. 방향을 전환한 지점에는 약간의 여유를 남긴 채 꼬리실을 통과시킵니다.

4. 마지막으로, 편물을 가로로 살짝 늘려 방향 전환 부분이 너무 조이지 않았는지 확인한 뒤, 꼬리실을 잘라줍니다.

꼬리실 잘라내기

실 꼬리를 잘라내는 것에 대해 뜨개인들 사이에서 많이 논의되는 것이 바로 실 처리를 블로킹 전에 꼬리실을 자르는 문제에 대해서는 뜨개인들 사이에서 늘 논쟁이 있습니다. 블로킹 전에 실을 정리할까, 아니면 블로킹 후에 할까? 그것이 문제죠. 일부는 블로킹 전에 해야 한다고 말합니다. 블로킹이 실 끝을 고정하는 데 도움이 되기 때문이죠. 다른 이들은 블로킹 후에 해야 한다고 주장합니다. 편물을 늘리면 꼬리실이 움직이거나 튀어나올 수 있기 때문입니다. 저는 그 중간쯤에 있습니다.

늘려서 블로킹할 레이스 작품이라면, 블로킹이 끝난 후에 실을 마무리하세요. 그 외의 작품들은 저는 보통 블로킹 전에 실을 정리하지만, 실 꼬리를 자르는 것은 블로킹 후에 합니다.

남은 꼬리실을 편물에 딱 맞춰 자르면 튀어나오고, 또 자르면 튀어나오고의 끔찍한 무한 반복. 이를 피하기 위해 저는 꼬리실 끝에 스토퍼를 만들어 고정하고 있어요.

1. 실 마무리를 끝낸 후, 편물을 최대한의 폭으로 한 번 쭉 늘려주세요. 그다음, 꼬리실을 편물에서 약 0.5cm 정도 남겨두고 잘라냅니다.

2. 가위 끝으로 꼬리실 끝을 살살 퍼뜨려 올이 풀리게 만듭니다.

3. 흐트러진 꼬리실을 부채꼴처럼 펼친 후, 편물 속으로 꾹꾹 눌러 넣습니다.

이제 꼬리실이 튀어나오는 일은 없어요!

매트리스 스티치(Mattress Stitch) : 비밀스러운 시작

마무리에 관한 책은 (약간 과장하자면) 백만 권쯤 있고, 꿰매기에 관해서도 수많은 동영상이 돌아다니고 있는데, 돗바늘로 꿰맨 코가 가지런하지 않은 것에 대해서는 아무도 언급하지 않아요.

매트리스 스티치(돗바늘로 꿰매기)는 두 장의 편물을 세로 솔기로 꿰매어 연결하는 방법입니다. 돗바늘을 양쪽 솔기의 실기둥 아래로 번갈아 가며 넣어 시그재그 모양으로 꿰맵니다. 이렇게 하면 마치 옆으로 누운 코처럼 보이는 솔기가 만들어집니다.

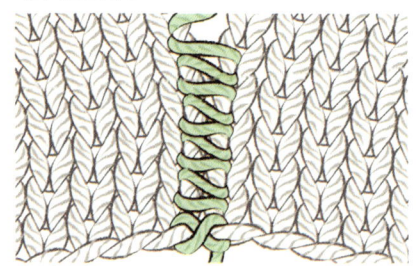

매트리스 스티치

우리는 편물 두 조각을 조심스럽게 맞추라고 배웁니다. 단과 단을 정확히 맞춰 꿰매라고도 하죠. 다 꿰맨 후 지퍼를 닫듯 솔기를 당기면 완벽하게 보일 거라고 합니다. 거짓말입니다. 또다시, 모두가 침묵한 채 숨긴 진실이 있습니다.

모두가 그 방법이 통할 거라고 가장하지만, 실제로 우리가 얻는 결과는 이렇습니다.

시작점이 어긋난 매트리스 스티치

이러한 단차를 없애기 위해서는, 두 편물의 아랫단을 일부러 어긋나게 맞추는 것부터 시작해야 해요. 처음부터 시작해 봅시다.

우선 8자형 잇기부터 시작합니다.

1. 두 장의 편물을 겉면이 위로 향하게 나란히 놓습니다. 오른쪽의 편물을 A, 왼쪽의 편물을 B라고 부르겠습니다. 꿰매기에 쓸 실을 돗바늘에 꿰어, A의 시작코 바로 위, 가장자리 코와 다음 코 사이로 바늘을 뒤에서 앞으로 빼냅니다.

2. 반대쪽도 마찬가지로, B의 시작코 바로 위, 가장자리 코와 다음 코 사이로 바늘을 뒤에서 앞으로 빼냅니다.

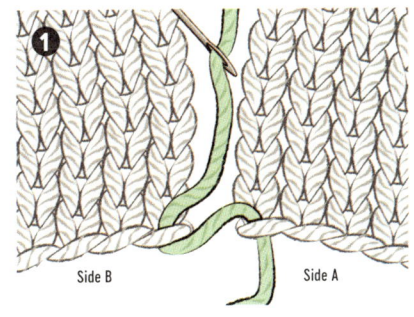

3. '8'자를 완성하려면, 다시 A의 1단계와 동일한 위치에, 돗바늘을 뒤쪽에서 앞쪽으로 빼냅니다. 살살 실을 당겨 두 편물을 이어줍니다.

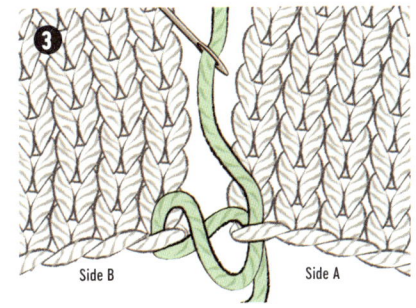

이제 아무도 알려주지 않는 비밀입니다.
코와 코 사이의 가로 바를 한 단씩 꿰매는 것이 아니라, 단차를 주며 꿰맵니다.

4. B에서 실이 나온 위치에 바늘을 앞에서 뒤를 향해 넣어 가로 바 1개를 떠 올립니다.

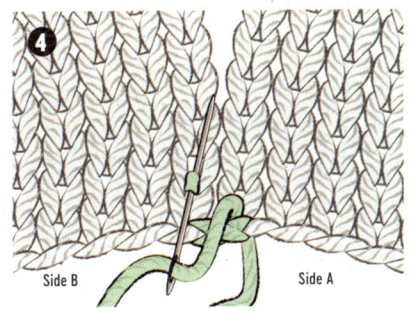

5. 다음으로, A에서 실이 나온 위치에 바늘을 앞에서 뒤를 향해 넣어 가로 바 2개를 떠 올립니다.

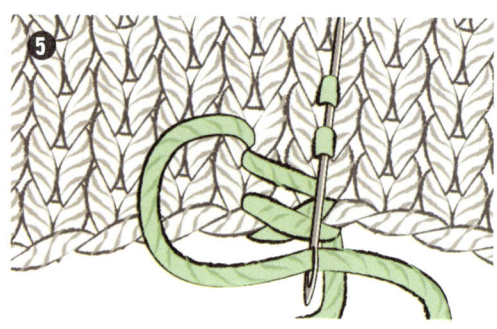

6. 여기서부터는 좌우 모두 가로 바 1개씩을 떠 올려서 꿰맵니다. 옆으로 지그재그로 이어지는 바늘땀이 약간 위를 향하게 됩니다.

꿰맨 후 지퍼처럼 당겨 닫으면, 완벽하게 맞물린 솔기를 볼 수 있습니다.

이 이야기의 교훈은,
때로는 배운 것을 무시하는 게 좋을 때도 있다!

완벽하게 꿰맨 자리

코줍기 : 나의 길을 가자

마음에 드는 코줍기를 하려면, 무엇을 무시할지를 탐구할 필요가 있습니다!

당연한 말일지도 모르지만, 여기서 반복하지 않으면 안 될 중요한 사항이 있습니다. 코줍기를 하기 전에 반드시 작품을 블로킹해야 한다는 것입니다. 네, 저도 처음에는 그걸 몰랐어요. 블로킹 후의 단수 게이지와 콧수 게이지를 파악해야, 나의 콧수-단수 비율을 계산할 수 있습니다. 이 비율을 알아두면, 도안을 무시하고 마음대로 조정할 수 있는 힘이 생깁니다. 한번 살펴보겠습니다.

몇 코를 주울까? : 도안에 얽매이지 않기

편물의 가로 방향을 따라 코줍기를 할 때는 가장자리부터 한 코씩 줍습니다. 새로 잡은 코가 기존 코 위에 쌓이는 구조입니다. 그러나 세로 방향이나 사선 방향에서 코를 줍는 경우는, 콧수 게이지와 단수 게이지가 다를 수 있습니다. 이럴 때는 자신에게 필요한 콧수를 스스로 알아내야 합니다.

예전에는 도안에 '자신의 콧수와 단수 게이지를 기반으로 2의 배수+1의 수를 줍는다'라고 표기된 경우가 많았습니다. 최근에는 구체적으로 코줍기를 할 콧수가 적혀 있지요. 그러나 도안을 무시하고 싶은 이유는 아주 많습니다. (도안이 항상 최고를 아는 건 아니니까요!) 예를 들어, 자신의 콧수와 단수 게이지가 도안과는 다를 수도 있고, 길이나 목둘레를 바꿨을 수도 있어요. 아니면 다른 이유가 있을 수도 있지요.

코를 주울 때는 디자이너가 지정한 콧수가 아니라,
여러분 자신의 뜨개에 맞추는 것이 가장 좋습니다.

코줍기의 콧수 계산 방법은 단순한 것부터 복잡한 것까지 여러 방식이 있습니다. 여기서는 두 가지 수학적인 방법과, 한 가지 게으른 방법(패티가 가장 좋아하는!)을 소개할게요.

방법 #1:
당신의 게이지와 치수를 사용하라. : 당신의 스웨터니까!

당신의 콧수와 단수 게이지가 도안과 다르다면, 도안에 적힌 콧수를 그대로 사용할 수 있을까요? 그럴 수 없습니다. 직접 계산해야 합니다. 카디건의 버튼 밴드를 예로 들어보겠습니다. 여기에는 다음과 같은 정보가 필요합니다.

- **앞트임의 치수.** 카디건의 앞단을 뜨기 위해 코를 주울 앞트임의 세로 길이를 블로킹한 후 측정합니다.
- **블로킹 된 마감단의 콧수 게이지.** 맞습니다, 버튼 밴드의 스와치를 뜰 필요가 있습니다. 당신의 한숨 소리가 여기까지 들리네요. 그만요!
- **버튼 밴드 무늬 콧수의 배수.** 원하는 무늬의 배수에 맞도록 반올림하거나 내림해야 합니다.

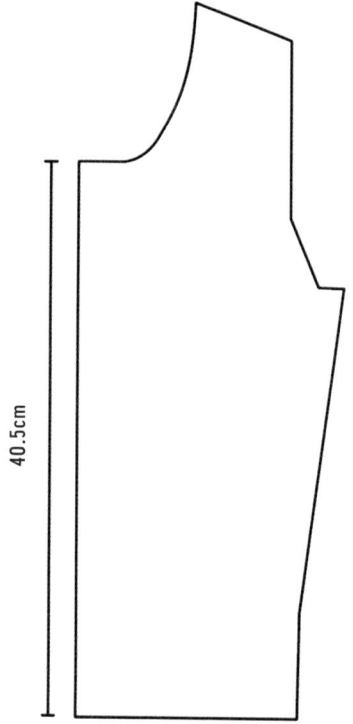

버튼 밴드 여밈단의 길이가 40.5cm, 콧수 게이지가 10cm당 16코, 무늬는 4코의 배수+2 코라고 칩시다.

자, 코줍기 부분의 치수에 게이지를 곱해서 필요에 따라 숫자를 올림/버림합니다.

40.5cm × 1.6코(1cm당 콧수) = 64.8코

4코의 배수 + 2코로 하려면,
62코 또는 66코가 됩니다.

방법 #2:

도안 활용하기

만약 당신의 콧수와 단수 게이지가 도안과 같더라도, 옷 기장을 바꾸고 싶다면 도안과 같은 콧수를 주울 수는 없습니다. 다만 도안을 가이드로 삼을 수는 있습니다. 같은 카디건을 예시로 설명해 보겠습니다. 여기에는 다음과 같은 정보가 필요합니다.

- 도안의 앞트임 길이
- 도안에 제시된 주울 콧수
- 완성한 내 카디건의 앞트임 길이 (블로킹 후)

도안에 제시된 주울 콧수를 도안의 앞트임 길이로 나눕니다. 그렇게 하면 1cm당 주워야 할 콧수를 알 수 있습니다.

다음으로, 1cm당 주울 콧수를 내 카디건의 앞트임 길이와 곱합니다다.

여기서는 도안의 앞트임 길이가 40.5cm이고

주울 콧수는 71코입니다.

내 카디건의 앞트임 길이는 45.5cm입니다.

71코 ÷ 40.5cm = 1.75코 (1cm당 1.75코)

1.75코 × 45.5cm = 79.625코

이제 계산이 맞는지 검산해 봅시다. 논리적으로 내 카디건 앞판이 더 길면, 더 많은 코를 주워야 합니다. 그렇죠?.

그다음, 무늬의 콧수를 조정하기 위해 숫자를 올림/버림합니다. 여기서는 '1코 고무뜨기로 처음과 마지막을 겉뜨기한다'라고 하면, 2의 배수+1이 되도록 조정하면 됩니다. 따라서 길이 45.5cm 앞트임에서 주울 콧수는 79코가 됩니다.

방법 #3:

나의 편물을 사용한다.

수학도 훌륭하지만, 게으름이 발명의 어머니라는 걸 말씀드렸나요? 그렇다면 나의 편물을 기준으로 삼는 건 어떨까요.

일반적으로 밑단과 버튼 밴드에 같은 무늬를 사용할 때가 많습니다. 카디건의 앞판을 블로킹한 후, 한쪽 카디건 앞판의 밑단을 다른 쪽 목판의 트임에 맞대어 봅니다. 그다음, 일정 구간의 단수와 콧수를 세어, 단수당 몇 코를 주울지 비율을 확인할 수 있습니다.

콧수에 대한 단수를 센다

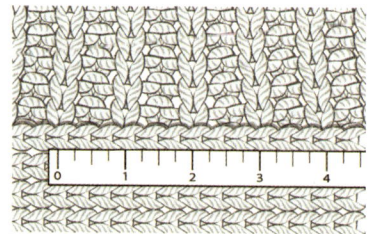

예를 들어, 카디건의 앞트임 12단이 밑단의 9코에 해당한다고 합시다. 9코:12단의 비율이 되는 거예요(둘 다 3배수이므로 3으로 나누면, 3:4 비율이 됩니다). 즉, 3단은 각 1코씩 줍고, 1단은 건너뛰는 방식(4단에 3코)입니다. 이것이 나의 게이지에 맞는 비율이 됩니다. 이걸 베이스로 버튼 밴드 무늬 배수에 맞도록 살짝 조정합니다.

이제 실제로 어떻게 하는지 알아봅시다.

무늬 배수 찾는 법

무늬 배수를 확인하는 가장 좋은 방법은, 우선 여분의 콧수를 빼고 1무늬의 콧수로 나누어 보는 것입니다. 만약 정수가 나오지 않으면, 올림하거나 내림합니다.

64 − 2 = 62 …… 주울 콧수에서 여분의 콧수를 뺀다.

62 ÷ 4 = 15.5 …… 1무늬의 콧수로 나눈다.

15.5의 소수점 이하를 버림하면 15

15 × 4 = 60 + 2 = 62

15.5의 소수점을 올림하면 16

16 × 4 = 64 + 2 = 66

균등하게 코를 줍는다 : 나누고 찔러 봐라!

주울 콧수는 계산했지만, 어떻게 하면 고르게 코를 주울 수 있을까요?

정신 건강을 지켜줄 2가지 팁이 있습니다. 우선 전체를 작은 구간으로 나누고 그 안에서 찔러 보며 계획을 세웁니다. 이건 과학이 아니라 오히려 예술에 가까우므로, 너무 예민해지지 않는 게 좋아요. 완벽하지 않아도 괜찮습니다.

작은 구간으로 나누기

예를 들어, 버튼 밴드에서 66코를 줍는다고 합시다. 우선 이 숫자를 작은 구간으로 나눕니다.

1. 우선 앞트임의 가장자리를 절반으로 접어, 절반 즈음에 마커를 끼웁니다. 이제 2개의 구간으로 나누었습니다.

2. 2개의 구간을 각각 반으로 접어, 마찬가지로 마커를 끼웁니다. 그렇게 하면 4개의 구간이 생깁니다.

3. 다음으로 주울 콧수를 구간 수로 나눕니다(이 경우, 66÷4 = 16.5). 2개 구간에서는 16코, 그리고 남은 두 구간에서는 17코를 줍습니다.

어느 정도는 여기저기서
조금씩 조정하게 되겠지만,
구간을 작게 나누고,
미리 찍어서 계획하는 것이
코를 고르게 줍는
가장 간단한 방법입니다.

찔러 보며 계획 세우기

코줍기는 가장자리 코와 그 옆 코 사이에서 줍습니다. 여기는 돗바늘로 꿰매기를 할 때 돗바늘을 넣는 자리와 같습니다.

1. 바늘 끝을 코를 줍는 공간에 찔러보며, 각 구간의 단수를 확인합니다.

2. 이제, 구간의 단수에서 주워야 할 콧수를 뺍니다. 그렇게 하면 각 구간에서 몇 번을 건너뛸지 알 수 있습니다.

예를 들어, 하나의 구간에서는 21단을 세었다고 합시다(주울 공간!). 거기서 16코를 줍는다고 칩시다.

21 − 16 = 5

21단에서 5번을 건너뛰어야 합니다. '코를 주울 단수'를 '건너뛸 수'로 나누면, 몇 단마다 한 번씩 건너뛸지 알 수 있습니다.

21÷5 = 4.2(내림하여 4)

네 단마다 번씩 건너뛰어야 하므로, 세 단은 한 코씩 줍고, 그다음 단은 건너뛰면 됩니다.

완벽한 가장자리 : 당김과 말림 수정하기

완벽한 비율을 계산해서 고르게 코줍기를 해도, 고무뜨기 버튼 밴드와 연관된 문제가 아직 두 가지 남아 있습니다. 바로 당기고 말리는 현상입니다. 이 두 가지를 모두 수정해 봅시다.

당김

고무뜨기 버튼 밴드의 하단이 위로 당겨 올라가 어색해 보이는 현상을 말합니다. 하지만 간단한 해결책이 있습니다. 코를 주울 때 올바른 위치에서 시작하기만 하면 됩니다.

고무뜨기가 위로 당겨진다

니트의 앞트임 가장자리가 둥그렇게 말려서, 코줍기의 시작점이 어디인지 알기 어려울 때가 있습니다. 보통은 첫 번째 단처럼 보이는 곳에서 시작하는데, 사실 그곳은 첫 번째 단이 아닙니다.

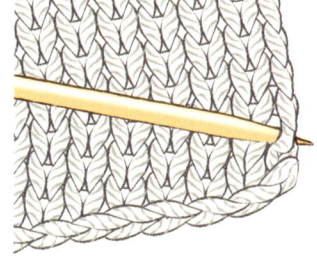

코 줍기의 시작점이 실제보다 너무 위로 올라가지 않도록 주의한다

가장자리를 아래로 살짝 당기고 바늘로 톡 찔러보면, 시작코의 바로 위에 작은 공간이 보일 거예요. 여기가 바로 8자형 잇기를 할 때 바늘을 넣었던 바로 그 자리입니다(181 페이지).

이 방법을 쓰면 눈에 거슬리는 당김이 사라집니다.

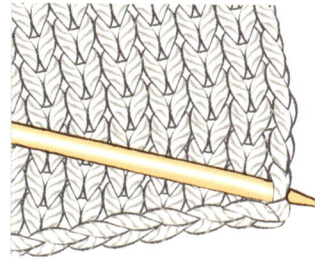

코 줍기는 시작코의 바로 위에서부터

말림

여기서 '말림'이라고 부르는 현상은 밑단의 아랫부분이 뒤쪽으로 말리는 상태를 일컫습니다. 이 경우, 2코 고무뜨기로 뜨더라도 뜨개 시작 부분이 말려 겉뜨기 1코처럼 보이게 됩니다.

메리야스뜨기는 늘 말리기 마련입니다. 고무뜨기 마감단에서도 겉뜨기로 시작할 경우 뒤로 말리게 됩니다. 이 말림 현상 때문에 2코 고무뜨기는 겉뜨기 2코로 시작해도 밑단이 겉뜨기 1코처럼 보이게 됩니다. 다행히도, 이는 쉽게 고칠 수 있어요.

고무뜨기에 필요한 콧수를 구하기 위한 배수의 계산보다 1코 많이 줍습니다. 1코 고무뜨기라면, 보통은 겉뜨기로 시작해서 겉뜨기로 끝나야 하므로 2의 배수+1로 코를 잡는데, 여기에 1코를 더해 2의 배수로 잡아주고, 버튼 밴드의 아랫부분을 겉뜨기 2코로 시작합니다. 2코 고무뜨기라면 보통 '4의 배수+2코'지만, 여기에 1코를 더해 '4의 배수+3코'로 해서 버튼 밴드의 아랫부분을 겉뜨기 3코로 시작합니다.

아래 사진은 2코 고무뜨기의 버튼 밴드인데, 아랫부분을 겉뜨기 3코로 시작했습니다. 맨 아래의 1코는 자연스럽게 말려 들어가 결과적으로 겉뜨기 2코, 안뜨기 2코처럼 보이게 됩니다.

완벽한 코줍기

그냥 자연스럽게 말리게 두세요! 시작코의 바로 위에서 코줍기를 시작하고, 여분 한 코를 더해주기만 하면 완벽한 밑단을 얻을 수 있습니다.

V넥의 코 줍기 : 모서리 각 만들기

V넥 코줍기에서 해결해야 할 중요한 문제가 있습니다. 그건 바로 모서리 각을 만드는 것입니다. V넥의 밴드를 뜨기 위해 코줍기를 할 때, 일직선으로 올라가다가 V넥이 시작되는 코너부터 사선으로 올라갑니다. 방향이 바뀌는 이 부분에서 편물이 당겨져 주름이 지기 쉽습니다.

코너에서 모양이 흐트러진 V넥의 코 줍기

이 방법에서는, 코너를 돌 때 코를 추가하는 코바늘 방식을 응용합니다. 코줍기에 바늘비우기를 2코 추가하고, 콧수를 셀 때 추가한 바늘비우기 2코도 포함하여 셉니다.

1. V넥이 꺾이는 코너에 그림과 같이 잠금식 스티치 마커를 끼웁니다. 나의 코줍기 비율에 따라 마커까지 코줍기를 합니다.

2. 여기서 코너의 양쪽에 코늘림을 합니다. 우선 바늘비우기를 하고 마커를 제거한 후, (마커를 끼웠던) 모서리 코에서 1코를 줍고, 다시 한번 바늘비우기를 합니다. 이어서 계속 코를 줍습니다.

바늘 끝을 고리 뒤쪽에 넣어, 안뜨기를 꼬아서 뜬다.

3. 다음 단은 버튼 밴드의 패턴에 맞게 뜨고, 바늘 비우기 자리에 오면 꼬아서 겉뜨기 혹은 꼬아서 안뜨기 합니다.

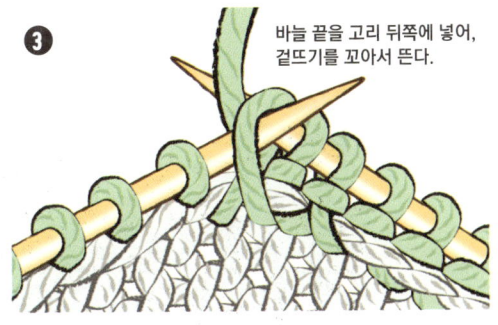

바늘 끝을 고리 뒤쪽에 넣어, 겉뜨기를 꼬아서 뜬다.

이렇게 하면
각을 만들면서
완벽한 코줍기를
할 수 있답니다.

코너의
각을 살린
V넥의
코 줍기

최고의 단춧구멍 만들기

2단 단춧구멍이 가장 일반적으로 사용됩니다. 간단해서 이해하기도 쉬운 방법이지요. 1번째 단에서 단춧구멍에 필요한 콧수를 막고, 다음 단에서 같은 콧수를 만듭니다. 참 단순하지요? 여기서는 어떤 문제가 일어날까요?

목 파임을 할 때, 단의 중간에서 덮어씌워 코막음을 하면 어떤 문제가 생겼는지 기억하나요? (167페이지) 단춧구멍의 아랫부분에서도 똑같은 문제가 생깁니다. 코막음을 시작하는 부분에 홈이 생기고, 코막음한 선이 사선으로 기울어지며, 코막음이 끝나는 곳에서는 코가 당겨집니다. 코를 만들 때 생기는 흠까지 더해지면 다음과 같은 상태가 됩니다.

이제 더 나은 단춧구멍을 소개하겠습니다. 이 단춧구멍은 구멍을 만들기 위한 코막음의 양옆에 걸뜨기가 있을 때 특히 깔끔하고 마법처럼 예쁘게 보입니다. 예를 들어, 1코 고무뜨기에서는 3코 단춧구멍이, 2코 고무뜨기에 2코 단춧구멍이 잘 어울립니다.

앞서 '완벽한 목 파임'에서 했던 것처럼, 덮어씌워 코막음을 시작할 때 코늘림으로 코를 잇고, 코막음의 마지막을 코줄임으로 마무리하여 자연스럽게 이어줍니다. 다만 이번에는 단춧구멍을 깔끔하게 마무리하기 위해, 목선에서 사용한 것과는 다른 코늘림과 코줄임 기법을 사용합니다.

1. 단춧구멍을 만들 위치의 바로 전 코까지 뜨고, KFB(122페이지 참조)를 한 번 떠줍니다. 여기서 1코가 늘었습니다.

2. 다음 코를 안뜨기하고, 늘린 코로 덮어씌웁니다. 이건 코막음의 수에 넣지 않습니다. 앞에서 늘린 1코를 줄인 것뿐이에요.

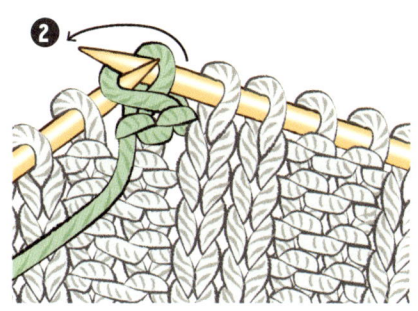

3. 여기서부터 덮어씌워 코막음을 시작합니다. 이미 안뜨기 1코를 떠 둔 상태이므로, 다음 코도 안뜨기로 뜨고 먼저 뜬 코로 덮어씌웁니다. 이것으로 1코 코막음이 됐습니다.

4. 마지막 코는 코막음을 하는 대신 K2tog(왼코 겹치기)를 합니다. 마지막에 뜬 코를 오른쪽 바늘에서 왼쪽 바늘로 옮기고, 2코를 함께 겉뜨기합니다.

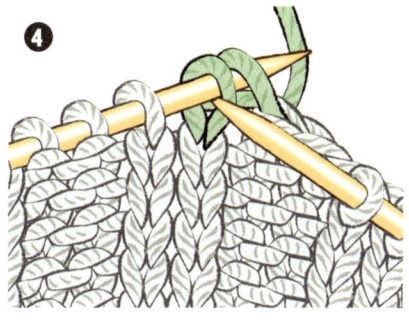

단춧구멍을 뚫을 때마다 1~4의 순서를 반복하며 단의 마지막까지 뜹니다. 다음 단은 단춧구멍 위에 코를 새로 만들 차례입니다. 여기가 바로 레몬을 레모네이드로 바꾸는 순간!

5. 다음 단(안면)에서는 단춧구멍을 만들기 위해 코막음했던 빈자리까지 뜹니다. 여기서 E-loop(감아코, 119페이지 참조)의 방법으로 코막음 수보다 1코 적게 코를 만듭니다. 이 예시에서는 2코를 막았으므로 1코를 만듭니다. 만드는 법은 작업 중인 실로 고리를 만들고, 그 고리를 오른쪽 바늘에 얹은 후 실을 살짝 잡아당겨 고리를 조입니다.

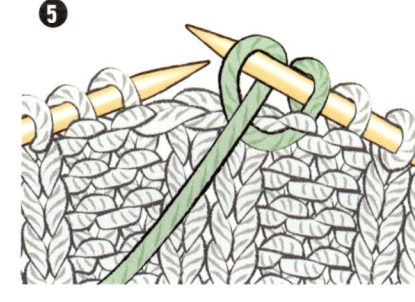

다음 단춧구멍까지 뜨고, 단춧구멍마다 단계 5의 작업을 반복합니다. 마법은 다음 겉면에서 일어납니다.

6. 단춧구멍 부분까지 뜨고, E-loop(감아코)의 코늘림 앞까지 뜨면, 큰 구멍이 생겨서 마지막에 뜬 코에서 E-loop까지 실이 길게 늘어지게 됩니다(이건 아직 레몬의 상태라 할 수 있어요).

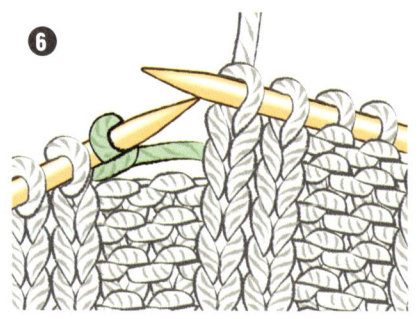

7. 그 늘어진 실을 사용해서, 2번째 감아코를 만듭니다(이게 바로 레모네이드입니다!). 손가락이나 코바늘, 바늘 끝 등을 이용해 늘어진 실을 들어 올린 다음, 꼬아서(M1처럼) 왼쪽 바늘에 얹습니다. 꼬는 방향이 E-loop와 같은 방향이 되도록 주의하세요.

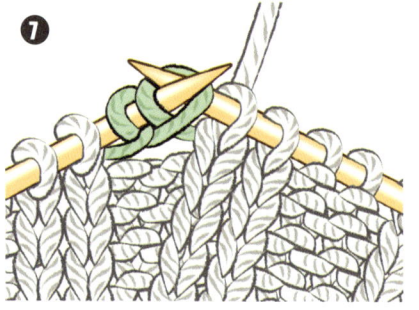

다음 단춧구멍까지 뜨고, 단춧구멍마다 단계 7의 작업을 반복합니다.

짜잔! 이제 완벽한 단춧구멍이 완성됐습니다!

완벽한 단춧구멍

이제 카디건의 단추를 풀고
당당하게 입으세요!

소매 붙이기

고전적인 셋 인 슬리브만큼 핏이 좋은 것은 없죠. 사실입니다. 하지만 '소매를 붙인다'라는 말을 들을 때 뜨개인들의 마음에 두려움이 스치는 것도 사실이에요. 잠깐만요, 괜찮아요. 차분하게 숨을 고르세요. 그리고 실상은 생각보다 훨씬 간단하다는 걸 확인해 봅시다.

다음으로 소개할 세 가지 기술은 여러분의 뜨개 인생에서 '꿰매기'를 크게 달라지게 할 거예요.

위에서 아래로 꿰매기

예전에는 실이 실타래에 아직 연결된 상태로 솔기를 꿰맸어요. 그러다 보니 한쪽 겨드랑이에서 시작해서 반대쪽까지 계속 꿰매야 했죠. 하지만 어깨에서 아래 방향으로 작업하는 게 훨씬 쉬워요. 이렇게 하면 마무리할 때 약간의 조정을 하게 되더라도, 그 부분이 겨드랑이 밑으로 들어가거든요.

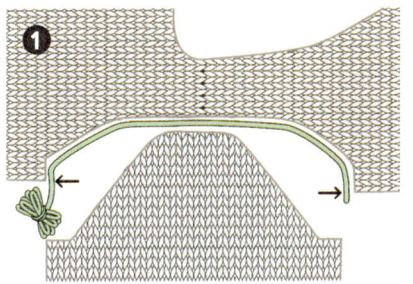

1. 어깨를 다 연결한 후, 진동 길이의 4배 분량으로 실을 잽니다. 그 실을 잘라서 돗바늘에 꿰입니다.

2. 실을 어깨 꼭대기를 통해 통과시킵니다. 겉면이 위를 향하도록 두고, 어깨솔기의 한쪽 끝에서 시작하세요. 돗바늘을 가장자리 코와 그 옆의 코 사이에 넣고, 어깨 이음선 반대쪽의 같은 공간을 통해 위로 빼냅니다.

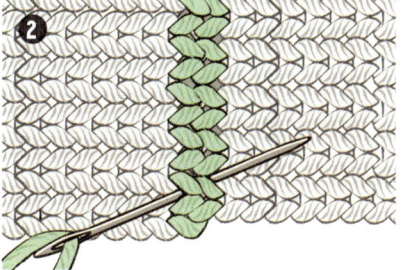

3. 실이 솔기의 양쪽에 동일한 길이로 남을 때까지 당기세요. 한쪽 실에 매듭을 지어, 반대쪽으로 빠지지 않도록 합니다. 이제 양쪽의 소매 붙이기를 위한 실이 준비됐습니다.

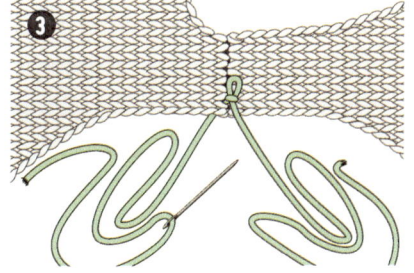

이제 소매산을 반씩 꿰맬 수 있게 실이 준비되었으니, 당신의 인생을 바꿔줄 솔기 꿰매기 요령을 배워봅시다!

여유분 주기 : 소매에 곡선을

진동 길이는 소매산보다 길어서, 테이블 위에 평평하게 놓고 꿰매려고 하면 도저히 맞지 않을 것처럼 보입니다. 그래서 교재나 도안에는 애매한 표현으로 '여유분을 고르게 분산시키세요'라고 적혀 있지만, 실제로 이건 어떻게 하면 되는 것일까요?

1. 먼저 소매산을 진동에 맞춰 고정하는 것부터 시작하세요. 소매산의 맨 윗부분에 잠금 마커를 끼워 어깨 끝에 고정합니다. 다음으로 덮어씌워 코막음한 부분을 서로 맞댑니다. 마커를 진동의 덮어씌워 코막음한 가장자리에 끼우고, 소매산 하단의 덮어씌워 코막음 부분과 맞댑니다.

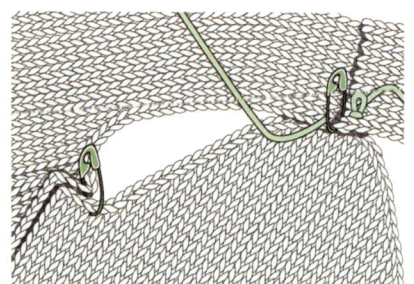

소매산은 어깨선을 따라 둥글게 감기도록 설계되어 있기 때문에, 테이블 위에서 평평하게 맞춰 꿰매려 하면 쉽지 않습니다. 소매산을 진동에 맞추려고 해도 잘 맞춰지지 않지요.

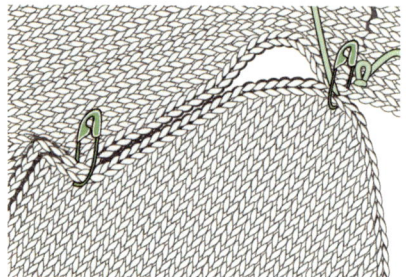

여기서 새로운 친구를 소개하겠습니다. 바로 테일러스 햄(tailor's ham)입니다. 테일러스 햄이란, 의류의 세세한 곡선 부분을 다림질할 때 쓰는 단단한 쿠션 같은 형태인데, 여기서는 소매 붙이기를 위한 도구로 사용합니다.

2. 테일러스 햄의 커브를 따라 소매를 꿰매어 붙일 수 있습니다. 테일러스 햄 위에 소매산을 두면 딱 맞아요. 여기서 마커를 하나 더 어깨 끝과 덮어씌워 코막음의 마커 사이에 끼웁니다.

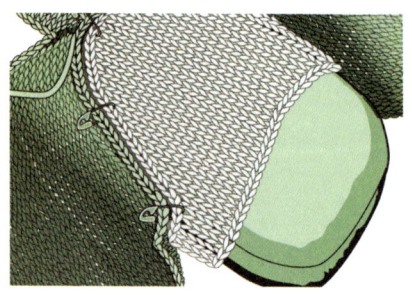

균형 맞추기: 너 하나, 나 둘

이제 완벽한 소매 붙이기를 위한 마지막 작업에 돌입합니다. 진동은 소매산보다 단수가 많으므로 전통적인 매트리스 스티치를 약간 변형해서 사용해야 합니다.

1. 소매산의 윗부분에서부터 시작해 아래 방향을 향해 꿰맵니다. 옆선에 표시해 두었던 마커까지 도달하면 멈춥니다.

2. 소매산과 진동 각각에서 앞으로 꿰매야 할 단수를 셉니다. 예를 들어, 소매산에는 15단, 진동에는 18단이 남아 있다면, 1:1로 꿰매는 대신 3번 정도는 소매산 1개에 대해 진동에서 2개를 떠 올리는(1:2) 방식으로 꿰매면 됩니다.

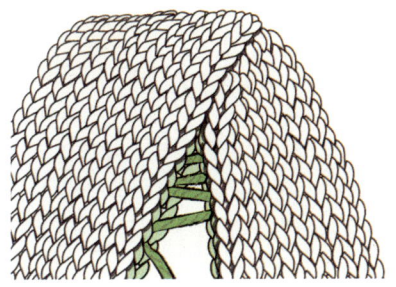

겨드랑이에 도달할 즈음에는 모든 것이 균일해집니다. 이것이 바로 완벽한 마무리입니다!

Words of Wisdom

When you don't know what you 'can't' knit...
YOU CAN KNIT ANYTHING!

무엇을 뜰 수 없는지 모르기에…
뭐든지 뜰 수 있다!

CHAPTER 8 — 마지막 지혜의 말

생각하는 뜨개인

드디어 해냈습니다! 여기까지 오셨다면, 두 가지 중 하나일 것이라 추측할 수 있습니다. 뜨개를 배우면서 '왜' 그런지 이해하고, 내 뜨개를 스스로 주도하고픈 모험심 가득한 뜨개인이거나, 책의 결말을 보기 위해 항상 마지막 장부터 읽는 독자일 경우죠. 여러분들은 전자에 해당하면 좋겠습니다.

다음은 무엇일까요?

저의 강좌는 항상 이 지혜의 말들로 마무리하곤 합니다. 자, 그럼 시작해 볼게요….

편물을 읽는 힘을 기르세요.

뜨개 도구 상자에서 가장 강력한 도구는 '뜨개코를 읽는 힘'입니다. 이걸 실천해 보세요.

저는 처음 뜨개를 시작했을 때, 스스로를 시험하곤 했습니다. 일부러 레이스 단 중간에서 뜨개를 멈추고 치워두었죠. 그리고 다음 날 돌아와서, 내가 도안의 어느 단까지 뜨고 있었는지 알아낼 수 있는지를 확인했습니다. 이 방법으로 레이스를 엄청나게 많이 풀기도 했지만, 그 덕분에 편물을 읽는 능력이 크게 늘었습니다.

생각하는 뜨개인이 되기 위한 첫걸음은 인식하는 것입니다. 그리고 다음은 분석하기입니다.

어떤 구조인지를 이해하세요.

제 남동생은 주택 리모델링 일을 하는데, 한 번은 이런 말을 한 적이 있어요. "어떻게 만들어졌는지 이해하지 못하면, 고칠 수 없다."

제가 떴던 레이스를 많이 풀었다고 앞서 이야기했지요? 왜냐하면, 실수를 고치려 할 때마다 더 엉망이 되었기 때문이에요. 아마 이게 몇몇 분들에게는 익숙하게 들릴지도 모르겠네요. '게으름은 발명의 어머니'라는 말처럼, 저는 덜 풀고 더 많이 뜨고 싶어서 뜨개코의 구조를 스스로 파헤쳤습니다.

스와치 코를 잡고 코들을 꼼꼼히 의식하면서 만들어보세요. 실이 지나가는 길을 보세요. 뜨개코가 어떤 식으로 만들어지고, 바늘이 어디로 들어가고 왜 그렇게 되는지를 이해해 보세요. 코가 어떻게 만들어지는지를 알게 되면, 그것을 어떻게 고쳐야 하는지도 알게 될 거예요.

같은 실수를 두 번 하지 말아요: 다른 실수를 하세요!

맞아요, 이번엔 일부러 실수를 만들어보세요. 세상에서 가장 자신감 넘치는 순간은, 내가 한 실수를 스스로 고칠 수 있을 때입니다. 그걸 캐시미어 스웨터를 뜰 때 시도하기보다는, 지금 연습하는 게 훨씬 낫죠.

꼼꼼하게 의식하면서 뜬 스와치가 완성되면, 이번에는 일부러 실수해서 떠봅니다. 코줄임을 풀거나 아랫단부터 코를 늘리거나, 그런 상황을 고칠 수 있는지 시도해 보세요. 교차무늬의 큰 구간을 과감히 풀어내고 다시 떠 넣을 수 있게 된다면, 그때야말로 진짜 슈퍼히어로가 된 기분이 어떤 건지 알게 될 거예요.

흉내 내지 말고 이해하세요.

브리오슈(brioche), 매직 루프(magic loop), 또는 튜뷸러 캐스트온(tubular cast-on)처럼 새로운 뜨개 기법을 배워서 프로젝트에 멋지게 적용했는데, 다음에 다시 해보려니까 또 설명서를 찾아봐야 했던 적이 있나요? 저도 그랬어요. 브리오슈를 익히기까지 정말 여러 번 시도해야 했는데, 저는 그걸 배우고 있었던 게 아니라, 그냥 흉내 내고 있었기 때문이지요.

외워서 기억하면 잊을 수 있지만, 직접 보고 진짜로 이해하게 되면, 그건 결코 잊히지 않습니다.

내 뜨개의 주인은 나!

이 모든 것은 결국, 내 뜨개의 주인은 '나'라는 놀라운 감정으로 이어집니다. 그저 단순히 지시대로 뜨는 것만이 아니라, 의식적으로 선택하게 되는 것이지요. 방법을 알려주는 동영상을 따라 하는 것에 그치지 않고, 이해하면서 뜨는 거예요. 그리고 무엇보다 중요한 건, 무엇에 대해서도 '왜?'라는 의문을 갖는 것입니다.

뜨개 여정에서 가장 강력한 단어는 '왜(Why)'입니다. 이 말이 '어떻게(How)'로 이끌어 줍니다.

그리고 다음번에 친구가 "이건 어떻게 하는 거야?"라고 물어본다면, 미소 지으며 이렇게 말해 보세요. '왜 그렇게 하는지를 알려줄게. 그러면 어떻게 하는지도 자연히 알게 될 거야."

BASIC TECHNIQUES

코잡기

롱 테일 캐스트 온(long tail cast-on)

1. 꼬리실을 앞쪽으로 해서 바늘 끝에 겁니다. 오른손으로 바늘을 들고, 걸린 실을 집게손가락으로 누르면서, 꼬리실은 왼손 엄지손가락 앞쪽에서 뒤쪽을 향해 걸고, 실타래 실을 왼손 집게손가락에 건 다음, 양쪽의 실을 손바닥으로 쥐듯이 잡습니다(A).

2. 바늘 끝을 왼쪽 엄지손가락의 고리 아래에서 위를 향해 넣고, 그대로 실타래 실을 걸어, 엄지손가락의 고리에서 되돌아오는 것처럼 끌어내면 뜨개코가 생깁니다(B).

3. 엄지손가락을 고리에서 떼고, 바늘에 걸린 고리를 조입니다. 바늘에 필요한 콧수가 생길 때까지 이 순서를 이어갑니다(C).

케이블 캐스트 온(cable cast-on)

1. 롱 테일 캐스트 온의 방법으로 2코를 만듭니다. 만든 2코 사이에 오른쪽 바늘 끝을 넣습니다(D).

2. *겉뜨기를 하는 것처럼 오른쪽 바늘에 실을 걸고, 실을 끌어내어 새로운 코를 만듭니다.

3. 새롭게 생긴 코를 그림처럼 왼쪽 바늘에 얹습니다. 오른쪽 바늘을 왼쪽 바늘의 바늘 끝쪽 2코 사이에 넣고, '*'에서부터 순서를 반복합니다(E).

E-loop 캐스트 온(감아코)

왼손으로 작업실을 들어 올려 고리를 만듭니다. 고리를 오른쪽을 향해 반시계방향으로 반회전해서 뜨개바늘 위에 얹고, 작업실을 당겨 고리를 조입니다. 바늘에 필요한 콧수가 생길 때까지 이 순서를 계속합니다(F).

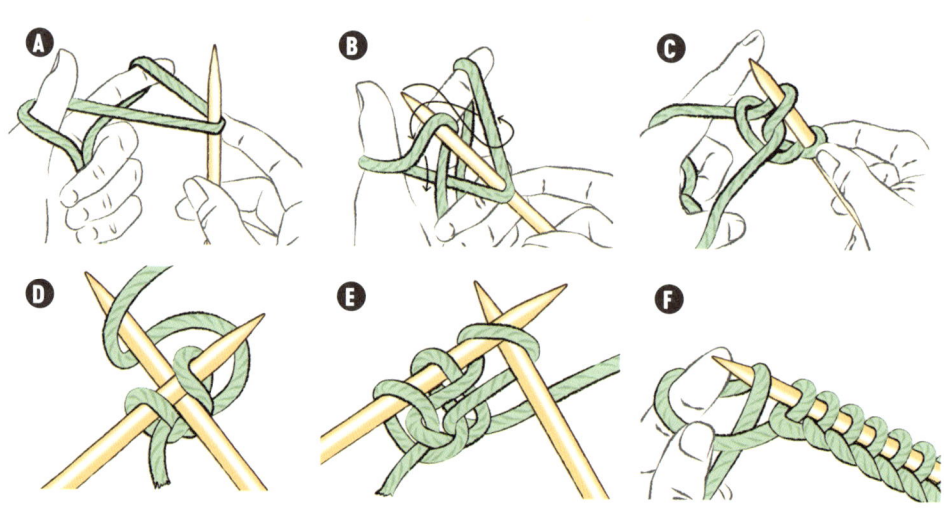

코늘림

KFB (Knit Front Back)

1. 겉뜨기를 1코 뜨고, 왼쪽 바늘에서 빼내지 않고 그대로 남깁니다(G).

2. 같은 코의 고리 뒤쪽에도 겉뜨기합니다(H).

3. 2코 모두 왼쪽 바늘에서 빼냅니다.

왼방향 꼬아늘리기
(M1L = Make One Left)

1. 마지막으로 뜬 코와 다음 코 사이에 걸쳐진 실 아래로, 왼쪽 바늘을 앞쪽에서 뒤쪽으로 넣습니다(I).

2. 왼쪽 바늘에 얹은 코의 뒤쪽으로 바늘을 넣어 겉뜨기를 합니다(J).

오른방향 꼬아늘리기
(M1R = Make One Right)

1. 마지막으로 뜬 코와 다음 코 사이에 걸쳐진 실 아래로, 왼쪽 바늘을 뒤쪽에서 앞쪽으로 넣습니다(K).

2. 왼쪽 바늘에 얹은 코의 앞쪽으로 바늘을 넣어 겉뜨기를 합니다(L).

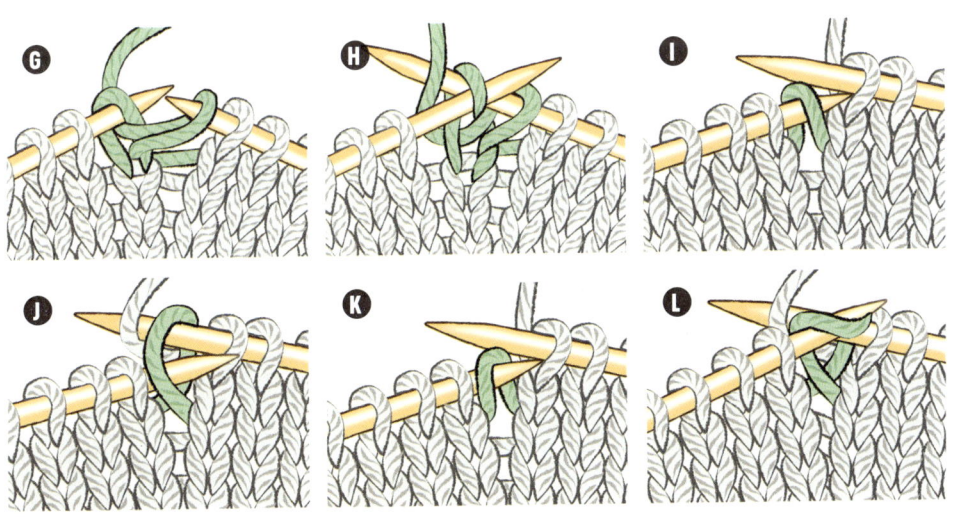

되돌아뜨기

저먼 숏로우(German Short-Rows)

**겉뜨기 단에서 되돌아와서,
DS(더블 스티치)를 만드는 경우**

되돌아오는 위치까지 겉뜨기하고, 편물을 뒤집습니다. 왼쪽 바늘의 다음 코를 안뜨기하듯 오른쪽 바늘로 옮깁니다. 앞쪽에 있는 작업실을 오른쪽 바늘 위로 끌어 올려 그대로 뒤쪽으로 잡아당겨서, 이전 단의 코의 다리 두 개가 바늘에 걸린 상태로 만듭니다(2중코처럼 보임). 다음 안뜨기를 위해 바늘 사이로 실을 앞쪽으로 가져옵니다.

**안뜨기 단에서 되돌아와서,
DS(더블 스티치)를 만드는 경우**

되돌아오는 위치까지 안뜨기하고, 편물을 뒤집습니다. 바늘 사이로 실을 앞쪽으로 옮깁니다. 왼쪽 바늘의 다음 코를 안뜨기하듯 오른쪽 바늘로 옮깁니다. 앞쪽에 있는 작업실을 오른쪽 바늘 위로 끌어 올려 그대로 뒤쪽으로 잡아당겨서, 이전 단의 코의 다리 두 개가 바늘에 걸린 상태로 만듭니다(2중코처럼 보임).

DS를 감춘다(단 정리)

평면뜨기의 경우 : DS까지 뜨고, DS의 두 다리를 함께 겉뜨기 또는 안뜨기합니다.

랩 앤 턴(Wrap and Turn, W&T)

왼쪽 바늘의 다음 코를 안뜨기하듯 오른쪽 바늘로 옮깁니다. 실을 편물의 반대쪽으로(겉뜨기하는 경우는 편물의 앞쪽으로, 안뜨기하는 경우는 편물의 뒤쪽으로) 옮깁니다. 오른쪽 바늘에 옮긴 코를 다시 안뜨기하듯이 왼쪽 바늘로 되돌려놓습니다. 실을 원래 위치(겉뜨기의 경우는 편물의 뒤쪽, 안뜨기의 경우는 편물의 앞쪽)로 되돌려놓고, 편물을 뒤집습니다.

랩 숨기기(단 정리)

겉면 : 오른쪽 바늘을 랩(뜨개코에 감은 실)의 아래에서 위로 넣고, 그대로 오른쪽 바늘에 걸린 랩을 감은 코에도 앞쪽에서 뒤쪽을 향해 넣습니다. 랩과 감겨 있던 코를 함께 겉뜨기합니다.

안면 : 오른쪽 바늘을 편물의 뒤쪽에서 넣고, 랩을 들어 올려서 왼쪽 바늘에 겁니다. 랩과 감겨 있던 코를 함께 안뜨기합니다.

About the Author

패티 라이언스는 미국의 유명 니트 디자이너이자 뜨개 전문 강사로, 10만 명이 넘는 뜨개인들이 그녀의 강의를 수강했다. 대바늘 뜨개의 'HOW'뿐만 아니라 'WHY'를 탐구하고 전수함으로써 '의식 있는 뜨개인'을 육성하는 것으로 정평이 나 있다. 초보자부터 베테랑까지 누구에게나 도움이 될 지혜가 가득 담긴 《패티 라이언스의 뜨개 지혜 주머니》는, 아마존닷컴 뜨개 분야 베스트셀러 1위에 오르며 전 세계 뜨개인들의 사랑을 받고 있다.

〈Vogue Knitting〉〈Interweave Knits〉〈Knit Purl〉〈Knitter's Magazine〉〈Cast On〉〈Knit Style〉〈Creative Knitting〉〈Twist Collective〉 등의 지면을 통해 패티의 디자인과 대바늘 뜨개 기법에 관한 기사를 만나볼 수 있고, 〈Modern Daily Knitting〉에서는 매월 독자의 문의에 답을 해주는 'Ask Patty' 칼럼을 연재하고 있다.

그녀의 인기 강좌는 DVD 및 웹사이트의 스트리밍 서비스를 통해 수강할 수 있다.

- 강좌 및 패턴 정보 pattylyons.com
- 함께 즐길 수 있는 곳 https://www.facebook.com/pattylyonsknitting/
- 뜨개인들과의 만남 https://www.ravelry.com/groups/the-patty-lyons-fan-club
- 사진 공유 http://www.instagram.com/pattyjlyons (#pattylyonsbagoftricks)

Thank you to...

이 책은 엘리자베스 짐머만과 메그 스완슨에게서 받은 영감 없이는 존재하지 못했을 것입니다. 두 분은 여러 세대의 뜨개인들에게 스스로 생각하면서 문제를 해결하도록 격려해 주셨습니다.

데이비드 앤 찰스 팀 전체에게 감사드립니다. 저를 찾아와 제 의견을 적극적으로 받아준 사라 캘러드, 그리고 이 책에 생명을 불어넣은 제니 초운과 애나 웨이드에게 감사합니다. 놀라운 기술 일러스트를 그려준 린다 슈미트와, 훌륭한 비기술적 일러스트를 제공해준 프랭클린 해빗에게도 감사드립니다. 책에 사용된 모든 실을 제공해준 WEBS의 스티브와 캐시 엘킨스에게 감사드립니다. 책 속의 모든 기술을 직접 시도하며 이해가 잘 되는지 확인해준 팸 레프코위츠에게도 감사의 말을 전합니다. 업계 최고의 멜리사 립먼, 존티 후, 그리고 트리샤 말콤 – 여러분의 사랑과 조언에 진심으로 감사합니다.

항상 저를 믿어준 가족, 그리고 브룩과 미셸에게도 고맙습니다. 초기부터 제게 용기를 주어, 내게 무언가 말할 가치가 있다고 느끼게 해준 캣 보르디와 루시 니트비에게도 감사드립니다. 마지막으로, 저를 더 나은 작가로 만들어 주고, 결코 포기하지 않았던 친구이자 훌륭한 편집자 캐럴 설코스키에게 깊은 감사를 드립니다.

INDEX

가장자리뜨기 32-33, 36, 162
가터뜨기 16, 33, 85, 178
감아코 119, 121, 193, 194, 202
걸러뜨기 95-97
   규칙 97
겉뜨기 13-15, 24-25
게이지 27-55, 183-186
   게이지 삼각형 46-47
   계산하기 48-55
   단 33, 38-39, 43, 45, 51-55
   스와치 28-38
고무뜨기 15, 158-163
   전환 162-163
   줄무늬 161
   헐렁한 코 158-160
꼬리실 잘라내기 179
기둥사슬코 172

단춧구멍 192-194
도안 읽기 64-65
되돌아뜨기 151-155
   랩앤턴 151, 152-153, 204
   저먼 숏로우 151, 154-155, 204

롱 테일 캐스트 온 67-81, 84, 85, 202

마무리 171-197
   단춧구멍 192-194
   매트리스 스티치 180-182, 187, 197
   블로킹 176-177
   셋 인 슬리브 195-197
매듭코 69, 82-84
멍석뜨기 17, 32, 122, 174
모자 27, 85, 142
목 파임 167-169, 172
밑단 16, 162, 186
   가터 16
   고무 162

버튼 밴드 174, 176, 184, 186, 187, 188-189, 190-191
블로킹 176-177, 179, 183-186
   프레임 177

사이즈 선택하기 61-64
소매 52-55, 62, 64, 122, 166, 177, 195-197
솔기 131, 164-166, 176-177, 180-181, 195-197
숄 31, 36, 131, 133, 176
스와치 28-38, 58, 142-143
스웨터 27-30, 36-37, 46, 49, 50-51, 54-55, 60-64, 85, 86, 106, 124, 129, 131, 164-169, 176, 177, 184-186, 201
스티치
   가터뜨기 16, 33, 85, 178
   걸러뜨기 95-97
   겉뜨기 13-15, 24-25
   더블 스티치 (DS) 154, 204
   매트리스 180-182, 187, 197
   멍석뜨기 17, 32, 122, 174
   메리야스뜨기 14-15, 32, 142-143, 145-147, 178
   안뜨기 13-15, 24-25
   첫 코 140-141
   코줍기 183-191
   콧수 90-91
   실 마무리 178-179
   실 선택하기 57-60

안뜨기 13-15, 24-25
약어 110
양말 85, 122
열린 코 20

원형뜨기 142-150
   1단 줄무늬 148-150
   2단 이상의 메리야스뜨기 줄무늬 146-147
   사다리 가로줄 없애기 141
   스와치 142-143
   안뜨기로 한 단을 뜰 때 145
   원형뜨기 잇기 144
웨스턴 뜨기 17, 23, 24-25, 77, 93, 99, 158
이스턴 뜨기 17, 23, 24, 77, 99, 149, 159
잇기 131-139
   단의 시작 133
   단의 중간 132
   단차 없애기 144-145
   실 65, 131-133, 138-139, 148-149, 167
   원형뜨기 잇기 144-145
   꼬리실 함께 뜨기 : 미국식 (English) 135
   꼬리실 함께 뜨기 : 프랑스식 (Continental) 136-137
   꼬리실 함께 뜨기 : 한 손만 사용 134
   펠팅 138-139
   8자형 잇기 181, 188

저먼 숏로우(German short row) 151, 154-155, 204
줄무늬 133, 138, 145-150, 161, 175
중복뜨기 178
진동 62-63, 195-197

첫 코 고치기 140-141
   미국식(English) 141
   프랑스식(Continental) 140
치수 30-38, 40-42, 46, 51, 53, 55, 61, 63-65, 68-71, 137, 142-143, 177, 184-185, 195

케이블 캐스트 온 82-89, 166, 202
코늘림 110-129
　꼬인 바늘비우기 120-121
　작은 바늘비우기 113-114
　큰 바늘비우기 115-116
　KFB 122, 125, 203
　KFS 123, 125, 128
　LLI(왼코 늘리기) 124, 125-129, 168
　M1(꼬아늘리기) 80, 110, 118, 119, 120-121, 203
　PFS(purl front slip) 128-129
　RLI(오른코 늘리기) 125, 126-127, 128
　YO(바늘비우기) 110-117
코막음 171-175
　경사진 164-166
　느슨하게 10, 171, 173
　더 나은 시작 172
　목 파임 167-169, 172
　무늬에 맞춰 174
　원형뜨기 단차 없애기 156-157
　끝 부분 다듬기 174-175
코바늘 79, 194
코잡기 67-91, 202
　감아코 202
　경사진 166
　롱테일 68-81
　케이블 82-89
코줄임 93-109
　걸러뜨기 95-97
　중심 1코 코줄임 108-109
　CDD(중심 3코 모아뜨기) 106-107
　K2tog(왼코 겹치기) 86, 94, 98-109, 153, 154, 193, 204
　K3tog(왼코 3코 모아뜨기) 104-105, 106
　SK2P(오른코 3코 모아뜨기) 97, 102-103, 104, 106

SSK(오른코 겹치기) 94, 96-97, 98-101, 102, 106-107, 109, 140, 153, 158, 168, 174
코줍기 183-191
　계산하기 183-187
　버튼 밴드 188-189
　V-neck 190-191
　콘티넨털 뜨기 23, 34, 113, 136, 140, 159
　콤비네이션 뜨기 17, 23, 25, 77, 159

뜨개법
　웨스턴 17, 23, 24-25, 77, 93, 99, 158
　이스턴 17, 23, 24, 77, 99, 149, 159
　콘티넨털 23, 34, 113, 136, 140, 159
　콤비네이션 17, 23, 25, 77, 159
　grab-n-go 41-42
　spreader 44-45
　tip worker 41-42

페어 아일 134, 176
펠팅 138-139

한 동작 SSK 100-101

CDD(중심 3코 모아뜨기) 106-107, 108
CSD(중심 1코 코줄임) 108-109
　바깥쪽으로 108
　안쪽으로 109
DPN(양쪽 막대바늘) 141
DS(더블 스티치) 154, 204

K2tog(왼코 겹치기) 86, 94, 98-109, 153, 154, 193, 204
K3tog(왼코 3코 모아뜨기) 104-105, 106
KFB 122, 125, 203
KFS 123, 125, 128

LLI(왼코 늘리기) 124, 125-129, 168

M1(꼬아늘리기) 80, 110, 118, 119, 120-121, 203
　M1L(왼쪽 꼬아늘리기) 119, 120-121, 203
　M1R(오른쪽 꼬아늘리기) 119, 120-121, 203

PFS 128-129

RLI(오른코 늘리기) 125, 126-127, 128

SK2P(오른코 3코 모아뜨기) 97, 102-103, 104, 106
SSK(오른코 겹치기) 94, 96-97, 98-101, 102, 106-107, 109, 140, 153, 158, 168, 174

YO(바늘비우기) 110-117
　꼬인 바늘비우기 120-121
　역 바늘비우기 88, 113, 114-117, 120
　작은 바늘비우기 113-114
　큰 바늘비우기 115-116

Patty Lyons' Knitting Bag of Tricks

Copyright © Patty Lyons, David & Charles Ltd 2022, Suite A, First Floor, Tourism House, Pynes Hill, Exeter, Devon, EX2 5WS, UK.

All rights reserved.

The Korean Language edition © 2025 WILLSTYLE

The Korean translation rights arranged with David & Charles Ltd through Enters Korea Co., Ltd.

이 책의 한국어판 저작권은 (주)엔터스코리아를 통해 저작권자와 독점 계약한 윌스타일이 소유합니다.
저작권법에 의하여 한국 내에서 보호를 받는 저작물이므로 무단전재와 무단복제를 금합니다.

패티 라이언스의
뜨개 지혜 주머니

초판 1쇄 발행 | 2025년 12월 20일
지은이 | 패티 라이언스
감수 | 한미란
옮긴이 | 김진아
펴낸곳 | 윌스타일
펴낸이 | 김화수
출판등록 | 제2019-000052호
전화 | 02-725-9597
팩스 | 02-725-0312
이메일 | willcompanybook@naver.com
ISBN | 979-11-85676-85-2   13590

* 파본은 구입하신 곳에서 바꿔드립니다.